CW01309676

Style Émulation

Apprenti, Compagnon et Jeune Maître

Hervé **H. LECOQ**

PM, MMM, MC, MR, SEM, EM, CAR

Copyright © 2021 Hervé **H. LECOQ**

Couverture: Freemasons' Hall, aquarelle par Hervé **H. LECOQ**

Tous droits réservés.

ISBN : **9798476580867**
Dépôt légal : Septembre 2021

DÉDICACE

À Dominique **SAPPIA**

Qui un jour de 2010, alors que j'étais au chômage et que j'avais déménagé dans un petit village, à 120 km de ma Loge, m'a dit

« Tu n'as rien à faire ? Viens, je vais te faire travailler sur 2-3 éléments…»

Table des matières

REMERCIEMENTS xiv

PREAMBULE 1

Livret d'accueil des Apprentis 9

    Message de bienvenue 10

    Bibliographie non exhaustive 12

I.   L'organisation de la franc-maçonnerie « bleue » 14

    a)   La Loge 14

    b)   Comprendre la structure d'une obédience (Loge/Province, etc.) 17

    c)   La Loge d'Instruction 19

    d)   Les Loges d'Études et de Recherche 23

    e)   La Province/La Loge des Grands Stewards 25

II.   L'organisation de votre Loge 27

    a)   La parole en loge 27

    b)   Votre place dans l'espace de la Loge (plan requis) 30

    c)   La découverte de l'espace (montage de la loge) 34

    d)   Les officiers : la filière des offices jusqu'au Vénéralat 36

    e)   L'instruction : Parrain-Marraine/Mentor/Tuileur/Précepteur 41

III.   Le rite Anglais de style Émulation 43

    a)   Les grades et les tabliers 43

    b)   Qui décide dans la Loge : la conférence de Maîtres .. 46

    c)   Le déroulement d'une tenue : 47

    d)   Les banquets festifs 49

	e) Ce que j'amène à chaque tenue : documents et objets utiles 50
IV.	Qu'attend-on de vous ? 52
	a) Assiduité, curiosité et comportement 52
	b) Comment je m'habille 53
	c) Travail en Loge, au dehors et proposer un profane ...53
	d) L'instruction pour le Passage de Compagnon 57
	e) L'art de répondre aux convocations (du bon usage de la messagerie) 58
V.	Que fait-on en suspension de travaux ? 60
	a) Qu'est-ce qu'une planche ? Un short talk ? 60
	b) Propositions de plans si un jour vous étiez amené à en faire ailleurs 62
	c) Les livres de référence et les faux amis 64
VI.	Que faire et à qui s'adresser quand : 66
	a) J'ai des questions sur les rituels ou sur ma planche ..66
	b) Je dois être absent(e) à une tenue, ou aux banquets 67
	c) Je rencontre une difficulté dans ma vie personnelle/professionnelle/financière 68
	d) Quelqu'un cherche à savoir mon appartenance maçonnique 70
	e) De l'inimitié s'est développée avec un frère ou une sœur 72
VII.	Annexes 1 : Les chansons que vous devez connaître 74
	Ode d'ouverture 74
	Ode de fermeture 75
	The Entered Apprentice's song 76

The Level and the Square 79
VIII. Annexes 2 - Conseils de vie maçonnique 81
Je suis le gars / I'm the guy 81
Comment tuer votre Loge / How to kill your Lodge 83
Comment faire grandir et fortifier votre Loge / 85
How to grow and strenghten your Lodge 85
La réponse d'un franc-maçon / A freemason's response .. 87
Préceptes maçonniques (ou « Code maçonnique ») XIXe siècle 88
Ouverture sur le 2e grade 91
Guide de Voyage du Compagnon 93
Message de Bienvenue 94
Bibliographie : non exhaustive. 96
Abréviations maçonniques pour comprendre des documents 98
I. Les voyages 103
   a) Le « Grand Tour » 103
   b) Pérambulations et voyages maçonniques 105
   c) Pourquoi visiter d'autres Loges ? 108
II. Carnet pratique 110
   a) Comment visiter une Loge 110
   b) Quelles obédiences visiter et comment visiter une Loge d'une autre obédience 111
   c) Bonnes pratiques : prendre la parole et présenter son obédience, sa Loge, son rite et les honorer 115
III. Comprendre son grade 121

a) La création du grade de Compagnon : origines, élaboration et explications 121
b) Les Sciences et Arts Libéraux 126
c) Les cinq ordres d'architecture grecs et latin 130
d) L'escalier à vis et la Chambre du Milieu 136

IV. Comment mémoriser « par cœur » son rituel : quelques astuces 140

a) La mémoire : approche scientifique simplifiée 142
b) Mémoriser son rituel : faire des fiches 146

Ouverture sur le 3e grade 154

Livret d'accueil des Maîtres 156

Message de bienvenue 157

Bibliographie non exhaustive 159

Introduction : votre nouvelle situation administrative 161

I. Du symbolisme à ce grade 163

a) La légende d'Hiram/la symbolique de la Mort : que lire ? 163

b) Les 5 points du Compagnonnage : l'obscure survivance opérative ? 166

c) Un point dans un cercle : survivance d'un symbolisme de la Géométrie euclidienne ? 172

d) Les Outils dans la vie morale : vivre comme un Maître maçon dans le monde 177

II. Prendre des responsabilités dans sa Loge 180

a) Les obligations des Maîtres envers les autres : avant et pendant la conférence de Maîtres 180

b) Devenir officier de sa loge et prendre des responsabilités 186

x

c) Devenir mentor personnel 190
III. Explication symbolique et biblique de la cérémonie d'élévation 195
   a) L'absence de la légende dans la Bible 195
   b) Les références bibliques du grade 197
   c) Les curiosités du grade : ce qui reste à creuser pour vous 201
   d) Se préparer aux Side Degrees : Marque, Arc Royal et autres ordres additionnels 205

Annexes 209

   Explication du tableau de Loge du 1er grade 210

   Les Ornements 216

   La Bordure dentelée (sans ses houppes) (1) 216

   Le pavé mosaïque (2) 216

   L'Étoile flamboyante (3) 218

   Les Meubles 219

   Le Livre de la Loi Sacrée (4) 219

   Le Compas et l'Équerre (5) 219

   Bijoux ou Joyaux mobiles et immobiles 220

   Les Bijoux mobiles (Instructions 5 : 15-22) 221

   L'Équerre (6) 221

   Le Niveau (7) 221

   La Perpendiculaire (8) 221

   Les Bijoux immobiles ou inamovibles (Instructions 5 : 23-26) 222

   La Planche à tracer (9) 222

   La Pierre brute (10) 222

La Pierre cubique (11) 222
Les trois grands piliers (Instructions 4 : 11-16) 223
Sagesse (12) 224
Force (13) 225
Beauté (14) 225
Progression vers le dais céleste 225
Les messagers de la volonté divine : le Soleil et la Lune 225
Le Soleil (15) 226
La Lune (16) 226
L'échelle de Jacob (17) 226
Les vertus théologales 226
La Foi (18) 227
L'Espérance (19) 227
La Charité (20) 227
Les vertus cardinales (21) 227
Les Outils 229
La Règle de vingt-quatre pouces, le Maillet et le Ciseau (22)
....229
La Louve (23) (Instructions 7 :11-15 + notes n°7) 229
Point principal de la Loge (point dans un cercle) (24) 230
Variations 231
Le Poignard (25) 231
Les 7 étoiles dans le ciel de nuit (26) 232
Ouverture plutôt que conclusion 233
A propos de l'auteur 234
Déjà parus du même auteur 235

REMERCIEMENTS

Les remerciements sont généralement la partie d'un ouvrage qui est la moins lue.

Toutefois, puisque ce guide est un Compagnon de voyage, avec reconnaissance, j'aimerais qu'avant toute chose, vous me permettiez de m'incliner et d'exprimer ma gratitude.

Mes plus chaleureux et sincères remerciements vont en effet vers toutes celles et tous ceux qui m'ont soutenu et dont la patience est la principale vertu.

Tout d'abord ma femme, Marie, pour m'avoir toujours encouragé à continuer sur la voie que j'avais choisi d'emprunter. Pour toutes ces soirées de tenues, ces week-ends de visites ou de Grande Loge et ces nuits de lectures ou d'écriture où elle m'a partagé avec la franc-maçonnerie.

À ma fille, Olympe, 8 ans, qui attend patiemment son heure pour jouer ensemble les jours de bouclage d'articles, et à sa sœur Athéna qui, du haut de ses 15 mois, aura très probablement à en faire tout autant.

Aux revues Renaissance Traditionnelle, The Square et Franc-Maçonnerie Magazine pour toutes les publications que leurs rédacteurs en chef ont toujours eu la bienveillance de lire et de publier. À Pierre MOLLIER, Mike KEARSLEY et Hélène CUNY.

À « GADLU.INFO, Les nouvelles du Web Maçonnique », et plus particulièrement à « Noé LAMECH », qui a été le premier à prendre le risque de mettre en ligne des articles de 40 pages d'un historiologue à l'époque totalement inconnu.

À Dominique SAPPIA qui a toujours cru en moi, même lorsque ma maladresse légendaire me mettait dans des situations compliquées et parfois cocasses. À ses recadrages fraternels, à nos engueulades mémorables, à son amitié précieuse.

À tous mes frères et mes sœurs de la R.L. d'Études et de Recherches Laurence DERMOTT, et des R.R.L.L. L'Anglaise n°6, La Française N°12, La Marseillaise de St Jean N°27 et Gérard GEFEN n°29 pour m'avoir fait grandir et mûrir.

À Jean-Michel MATHONIERE pour ses éclairages sur les traditions compagnonniques, sa gentillesse envers tous les jeunes cherchants et son exemplarité contre toute forme de compromission intellectuelle.

À Yonnel GHERNAOUTI pour sa fraternelle relecture et ses conseils avisés. Sa culture et sa bienveillance sont un exemple à suivre.

À toutes les auditrices et tous les auditeurs de mon podcast maçonnique « Radio Libre et de Bonnes Mœurs » qui m'ont encouragé à poursuivre.

À toutes celles et tous ceux qui suivent mes publications sur les réseaux sociaux et sur mes différents sites pour leur positivité, leurs questionnements et leur inspiration.

Et dernièrement, à toutes celles et tous ceux qui me suivent sur Youtube sur la chaîne « French Freemason » et qui sont, à ce jour, près de 2.000 à être fidèles à chacune de mes vidéos sur la franc-maçonnerie.

Enfin, à vous, lecteurs et lectrices bienveillants qui allez lire ce premier livre en me pardonnant d'éventuelles erreurs que même la plus minutieuse des relectures n'aura pas su déceler.

À toutes ces personnes. Merci.

Bonne lecture.

Hervé H. LECOQ

PREAMBULE

Dans l'Histoire des publications maçonniques, un observateur aguerri pourrait noter que quelques auteurs écrivent parfois exclusivement pour la Gloire éternelle de leur égo flamboyant.

Heureusement, votre serviteur a des défauts, mais pas (encore) celui-là.

Donner une bonne image de soi, glorifier son point de vue, autant de vices que, je l'espère, vous ne trouverez pas dans cet ouvrage. Bien au contraire.

En effet, j'ai fait ce livre pour vous.

Oui, vous.

Soyons honnêtes, pour ma part je vais plutôt bien maçonniquement parlant.

J'ai connu des moments d'excitation, de doute, de recul, d'implication intense à nouveau. Bref, je pratique la franc-maçonnerie en général, et le rite Anglais de style Émulation en particulier. J'ai ainsi été Vénérable Maître de mon atelier, ai voyagé jusqu'à l'Arc Royal et reçu un certain nombre d'autres grades complémentaires dont les médailles produisent toujours un joyeux tintinnabulement à chaque pas lorsque que je déambule en Loge.

Mon premier cycle est ainsi complet. Je continue mon parcours, et pourrais ainsi très bien m'asseoir sur les colonnes pour me faire oublier et recevoir encore plus facilement d'autres grades.

Mais un jour en étant Vénérable Maître, j'ai réalisé que ce cheminement aurait pu être plus facile si j'en avais su plus sur mon propre rite. J'ai réalisé que certains rencontraient également de réelles difficultés à trouver des réponses à leurs questions, et s'éloignaient de la maçonnerie.

Profitant de la création presque ex-nihilo d'un nouvel atelier, j'ai ainsi réalisé un premier guide, celui à remettre au profane pour présenter la franc-maçonnerie.

Puis un deuxième pour les Apprentis, un troisième pour les Compagnons et enfin, celui pour les Maîtres. Et je les ai tous testés avec la bienveillance de mon successeur sur les membres de notre Loge.

Les résultats furent positifs, les retours enthousiastes et les remarques toujours prises en compte.

Voici pourquoi vous lisez cet ouvrage ce jour. Deux ans de travail testés en Loge sont entre vos mains.

J'espère ainsi que vous apprécierez ce livre, fruit de nuits et de week-ends de labeur au service de celles et ceux qui j'espère, très bientôt, me dépasseront tous en termes de connaissances. Vous inclus.

Lisez ce livre, retrouvez des éléments familiers, découvrez-en de nouveaux, notez ces éléments, tombez en désaccord avec certains points, creusez, cherchez des réponses à vos propres questions, notez, parlez de ce livre à vos proches, conseillez-leur de l'acheter pour le lire, échangez avec eux, notez, et un jour, diffusez le savoir que vous aurez obtenu.

Faites que la « transmission » ne soit pas juste qu'un mot d'orgueil que l'on agite lors de discussion entre frères et sœurs pour donner une bonne image de soi. Un jour vous mourrez, il sera trop tard pour commencer à transmettre réellement !

Devenez meilleurs. Faites-le pour vous, pour votre Loge, pour votre Obédience, pour ceux qui vous entourent.

Soyez fiables. Soyez précis.

Voici d'ailleurs pourquoi, en termes de précision, vous remarquerez qu'est toujours employée l'expression « Rite Anglais style Émulation » et non « Rite Émulation » dans cet ouvrage. Pourquoi cela ?

Et bien tout simplement parce que les anglais n'ont jamais, et ne le feront jamais, employé les mots « rite Émulation ». Ils parlent de leur rite en disant : « Emulation Working » que l'on peut traduire par « style Émulation ».

Ainsi, cette expression de « rite Émulation » est tout simplement une contamination lexicale de la maçonnerie continentale, probablement dès 1925 par la traduction de Georges Drabble (si d'ailleurs vous êtes en possession d'une version numérique, je serai ravi de reconnaître avoir tort) et corrigée à la fin des années 1980 par Gérard GEFEN (hommage lui soit ici rendu).

Il en va de même pour le terme « Arche Royale » qui sera nommé « Arc Royal », mais dont le développement fera peut-être un jour l'objet d'un ouvrage à part entière.

Nulle volonté de réinventer la roue, ou de m'opposer à une terminologie obédientielle quelle qu'elle soit. Que chaque obédience utilise les termes qui conviennent le mieux, mais ce livre a été conçu pour être le plus précis possible, tout en étant multi obédientiel. Vous verrez d'ailleurs les officiers être nommés d'une manière étrange peut-être pour vous. Ainsi vous ne verrez pas d' « Expert », mais un « Diacre ».

Pourquoi cela ?

Et bien parce qu'un jour, si vous désirez faire de nouveaux progrès sur les chemins de la vertu et de la connaissance, il vous faudra lire des livres en anglais. Et dans ces livres, les anglais n'ont aucune considération pour le fait que dans votre langue maternelle un « Deacon » soit nommé « Expert ». Un « First Deacon » est un « Premier Diacre ». Point.

Ainsi, en adoptant une terminologie plus juste que celle pratiquée quotidiennement, vous verrez que votre progression sera plus facile.

Ceci ne constitue, bien entendu, pas une invitation à ce que les obédiences françaises modifient toutes les noms de leurs officiers. Toutefois, je vous confierais en anecdote que, discutant de cela avec un Vénérable Frère qui offre une excellente communication extérieure en tant que franc-maçon sur Internet (Alain BRAU pour ne pas le citer), celui-ci déclara, avec malice, que ce changement complet des noms des officiers pourrait « coûter cher en réimpression ». Il n'avait pas tort. Toutefois j'objectais alors en posant la question de savoir comment une obédience faisait lorsqu'il fallait changer son sceau ? ...

Une volonté forte pourvoie toujours à effacer toutes les difficultés.

En tout cas, que vous apparteniez au GODF, à la GLNF, à la GLTSO, à la GLTF ou que sais-je encore, que vous soyez un frère, que vous soyez une sœur, j'espère que vous trouverez dans cet ouvrage du matériel pour construire du bel ouvrage.

Oui, que vous soyez un frère ou une sœur. Car le rite Anglais style Émulation se pratique aussi dans des obédiences composées de sœurs ou bien mixtes. Ainsi, si la Grande Loge Unie d'Angleterre, qui est l'obédience de référence absolue sur le rite Anglais, puisque c'est elle qui l'a créé, si cette obédience est capable de dire qu'il existe une maçonnerie féminine, vous devriez l'être aussi.

D'ailleurs, en parlant d'obédiences, soyons clairs l'un envers l'autre. Vous saurez, je l'espère, que tous les points de vue exprimés dans cet ouvrage ne sont évidemment pas l'expression des positions de mon obédience. Cependant, je confesse volontiers que je n'aurais jamais pu connaitre, comprendre et transmettre quoi que ce soit sans l'enseignement qui m'y a été transmis par des frères et des sœurs plus instruits que moi, et que je ne rattraperai peut-être jamais.

Mais jamais rien ne m'empêchera d'essayer et j'espère que vous non plus. C'est pourquoi, à ce titre, si vous avez des questions, des incompréhensions, que vous désirez organiser une présentation de l'ouvrage dans votre atelier ou bien à l'inverse pour m'expliquer en quoi je puis être, pour vous, dans l'erreur, n'hésitez pas à m'écrire :

herve@apprentiperdu.fr

Toutefois, si vous trouvez cet ouvrage parfois impertinent, moralisateur voire provocateur, ne prenez pas la peine de me le signaler. Car ceci sera, à chaque fois, et sans aucune contestation possible, volontaire.

Volontaire également le fait que ce livre vous parle de banquets, de poignées de mains, d'embrassades, alors que nous sommes en 2021 et que tout ceci est interdit désormais tout au plus, et reporté tout au moins. En effet, soyons très clairs. En tant que franc-maçon.ne vous avez l'obligation de respecter les lois de votre pays. Appliquez ainsi toutes les règles sanitaires préconisées, protégez-vous et protégez les autres. Portez un masque, lavez-vous les mains régulièrement et appliquez toutes les mesures qui sont recommandées. Car l'Histoire de la Franc-Maçonnerie nous apprend que les respirations dans le cours de l'Histoire où la maçonnerie a dû être suspendue n'ont jamais réussi encore à la faire disparaitre. Cela arrivera peut-être un jour, mais pas aujourd'hui.

Ainsi, n'oubliez jamais que le Régime Écossais Rectifié qui s'est éteint en France au milieu du XIXe siècle n'a été réveillé que par la pratique d'un petit nombre de frères qui ont su préserver la tradition durant plus de cent ans.

Rien n'est jamais perdu en franc-maçonnerie. Tout attend d'être redécouvert et réveillé. Travaillez donc dans le temps long.

Voici pourquoi cet ouvrage vous parlera ouvertement de l'importance des banquets ou de vous méfier des frères qui cherchent à vérifier votre qualité maçonnique en vous serrant la main. Ceci ne sera peut-être pas le cas durant un an, deux ans, dix ans, mais tant bien même : c'est la tradition et l'expérience qui comptent, et c'est ce qui mérite d'être transmis.

Ce livre est un vade-mecum, un Compagnon de voyage. Conçu pour vous accompagner à travers votre parcours maçonnique. Comme un ami. Et qu'est-ce qu'un ami qui ne serait pas parfois impertinent, moralisateur voire provocateur ?

Vous trouverez ainsi une somme d'informations comprenant des conseils pratiques de la Emulation Lodge of Improvement (ELOI) mais aussi de pratiques vues en Loges en France, et des conseils et avis personnels.

Vous le comprendrez en temps voulu, il aurait été plus pratique pour vous que j'en fasse une distinction claire. Pourtant, j'ai fait le choix de vous laisser le soin de travailler à ciseler ces nuances par l'étude et le travail personnel.

S'approprier son rite, c'est le travailler. Voici pourquoi, espérant modestement participer à dépoussiérer un style tout en valorisant le fond pour donner envie, je vous souhaite de longues heures de lecture agréable.

Votre Mentor pour un temps de lecture.
Hervé **H. LECOQ**

Livret d'accueil des Apprentis

Message de bienvenue

Chère Madame, Cher Monsieur, permettez-nous de ne plus jamais à avoir à vous appeler ainsi. En effet, à partir de ce jour, et pour tout le temps qu'il nous sera donné de nous connaître, vous serez « Ma Très Chère Sœur » (M.T.C.S.), et « Mon Très Cher Frère » (M.T.C.F.). C'est l'usage parmi nous.

Ainsi, Ma Très Chère Sœur, Mon Très Cher Frère, vous l'aurez remarqué, lors de votre initiation, loin de voir tous nos mystères révélés, vous êtes reparti(e) avec beaucoup plus de questions que nous ne vous avons apporté de réponses en apparence.

C'est pourquoi, vous le verrez par vous-même, dans les premiers temps suivant votre initiation, vous risquez d'éprouver une soif inextinguible de lire des livres ayant trait à la franc-maçonnerie.

Ceci est votre première erreur à ne pas connaître.

En effet, avant de vous lancer dans une frénésie d'achats d'ouvrages que vous regretterez plus tard, nous vous recommandons d'adopter une méthode qui a fait ses preuves : donner du temps au temps et écouter celles et ceux qui sont passés avant vous.

Votre « Initiation » ne fait que commencer, et avant de courir sur les chemins de la connaissance, il vous faudra apprendre à marcher au pas de l'Apprenti. Car votre Initiation durera un temps, mais toute votre vie il vous faudra aborder la franc-maçonnerie avec la même retenue, mais aussi la même curiosité, le même enthousiasme et les mêmes doutes que vous avez éprouvés le jour de votre Initiation.

Alors comment faire ? Que lire ? Que sont tous ces éléments étranges que j'ai observés à la fin de mon Initiation ? Que dois-je savoir pour m'intégrer et qui sont toutes ces personnes que j'ai vues autour de moi ?

Pour tenter de répondre à tout ceci, dans ce livret vous retrouverez l'ensemble des réponses essentielles aux premières questions que vous vous poserez sur cet environnement nouveau, ainsi que des conseils qui pourraient s'avérer précieux pour avancer sereinement sur votre parcours maçonnique.

Nous ne nous connaissons certes pas encore, mais vous découvrirez que si des générations d'Apprentis avant vous se sont posé les questions que nous aborderons ensemble, vous risquez de vous les poser également. Et si notre méthode vous est proposée, vous risquez de trouver judicieux de la mettre en pratique. L'enseignement maçonnique initiatique traditionnel passe par là.

C'est pourquoi, à la fin de ce livret vous connaitrez l'organisation de votre loge, les principes de fonctionnement de votre rite, mais aussi ce que nous attendons de vous, la manière dont nous travaillons et comment réagir dans certaines situations pouvant être problématiques.

Lisez donc jusqu'à la dernière page, car des enseignements précieux vous y attendent.

Bibliographie non exhaustive

À lire et connaître en priorité :

- Règlement Intérieur de votre Loge,
- Règlements Généraux de votre Obédience,
- Rituel d'Ouverture/de Fermeture au 1er grade,
- Cérémonie d'Initiation au 1er grade,
- Usages de tables du rite anglais de Style Émulation,
- Instructions par Questions et Réponses du 1er grade.

Ouvrages en français :

- Hervé H. Lecoq, Mes premières questions sur la franc-maçonnerie, KDP, 2021
- R. Dachez, A. Bauer, *La franc-maçonnerie*, Puf, Que sais-je ? 2014
- R. Dachez, *Histoire de la franc-maçonnerie française*, Puf, Que sais-je ? 2003
- R. Dachez, A. Bauer, *Les Rites maçonniques anglo-saxons*, Puf, Que sais-je ? 2011
- Herbert F. Inman, Le Rituel style Émulation expliqué, traduit de l'anglais par Marie-François Burdin et Michel Piquet, les Éditions de la Tarente, 2017
- Le rite Émulation, l'esprit d'un rite, Cahiers Villard de Honnecourt n° 115, GLNF, 2020
- R. Dachez, A. Bauer, *Lexique des symboles maçonniques*, Puf, Que sais-je ? 2014

Ouvrages en anglais :

- After the first degree - *The Peterborough booklet*, Lewis Masonic 1990
- N. Barker Cryer, *I just didn't know that*, Lewis Masonic, 2003
- N. Barker Cryer, *Let me tell you more*, Lewis Masonic, 2010
- N. Barker Cryer, *Did you know this, too*, Lewis Masonic, 2005
- Graham Redmann, *Emulation Working Today* et *Masonic Etiquette Today,*
- Andraw Skidmore, *Learning Ritual an easy process*, Lewis Masonic 2012
- Graham Chisnell, *Ritual in mind*, Lewis Masonic, 2010
- Julian Rees, *Tracing board of the Degrees in Freemasonry explained*, Arima Publishing, 2015
- Julian Rees, *Ornement, furniture and Jewels*, Lewis Masonic
- *Freemasonry*, Jeremy Harwood, édition Southwater

I. L'organisation de la franc-maçonnerie « bleue »

a) La Loge

Par facilité, ou par paresse intellectuelle, certains nomment « temple » le lieu où les francs-maçons se réunissent. Il s'agit ici d'une faute qu'en tant que franc-maçon(ne) vous ne commettrez pas.

En réalité, la Loge est l'ensemble des frères et des sœurs qui la constituent, tout autant que le lieu où ceux-ci se réunissent. Vous faites donc partie d'une Loge.

Suivant votre obédience, votre loge est composée d'hommes, de femmes, ou de femmes et d'hommes recrutés par « initiation » ou par « affiliation » et dont les activités sont régies par un règlement intérieur.

En effet, il existe 3 formes d'obédiences. La 1re, qui est celle de la seule Grande Loge reconnue par la Grande Loge Unie d'Angleterre, est la franc-maçonnerie masculine. Ou « monogenre masculin ».

Issu d'une tradition centenaire, ce modèle a évolué au fil du temps vers une pratique en mixité dans certaines obédiences, voire toujours en « monogenre » mais en féminin cette fois.

Ni moins bonne, ni supérieure aux autres, la franc-maçonnerie masculine existe.

Ni moins bonne, ni supérieure aux autres, la franc-maçonnerie féminine existe.

Ni moins bonne, ni supérieure aux autres, la franc-maçonnerie mixte existe.

Que chacun se sente heureux là où il se trouve est la meilleure chose que vous puissiez souhaiter pour quel que profane que ce soit qui s'apprête à recevoir l'Initiation.

Toutefois, pour une plus grande personnalisation de cet ouvrage, nous parlerons aux frères, mais aussi aux sœurs. Sans distinction de valeur aucune.

Ne vous en étonnez donc pas. Accepter les différences fait aussi partie de l'Initiation.

L'« Initiation » est le processus que vous avez probablement amorcé il y a de cela de nombreux mois et qui s'est concrétisé récemment par votre réception lors de la cérémonie dite d'Initiation. Mais plutôt que d'employer ce terme pour décrire la cérémonie que vous avez vécu, la maçonnerie continentale parle de « cérémonie de réception ». Puisqu'en effet, vous avez été reçu(e) parmi les maçons. Car vous le découvrirez assez rapidement, l'initiation est la mise sur un chemin spirituel, et non pas une fin en soi.

L'« affiliation » est le fait pour un Maître maçon de rejoindre une Loge qui n'est pas celle dans laquelle il a été initié mais dans laquelle il ou elle souhaite s'épanouir en pratiquant le rite de cette Loge.

Le « rite » est l'ensemble des « cérémonies » en usage dans la Loge, comme la cérémonie d'Initiation. Celles-ci sont écrites dans des « rituels » qui s'ajoutent à un enseignement par « Instruction par Questions et Réponses » qui est propre à chaque rite et qui est l'ensemble du socle commun à tous les frères et sœurs de la Loge au niveau des connaissances « symboliques ».

Votre Loge est formée d'Apprentis, de Compagnons et de Maîtres. Parmi ces Maîtres, certains ont accepté d'endosser une fonction que l'on nomme : un office. Ces officiers veillent au déroulement des cérémonies ainsi qu'à la bonne marche de la Loge et, comme vous, ils ont été Apprentis. Donc, comme eux vous deviendrez un officier lorsque vous aurez fait de nouvelles découvertes sur les sentiers de la connaissance.

Vous le découvrirez par vous-même, votre Loge n'existerait pas sans les frères et les sœurs qui la composent. Toutes et tous sont nécessaires à la bonne marche de celle-ci, mais toutefois, rien n'oblige qui que ce soit à rester en franc-maçonnerie. Nous sommes des hommes et des femmes libres qui faisons le choix d'emprunter un chemin spirituel défini par celles et ceux qui nous ont précédé. Ce chemin peut être abandonné à tout moment, avec pour seules règles celle de la courtoisie et d'une bonne amitié sincère.

En attendant, à l'aide de ce livre, permettez-nous de vous présenter au mieux l'environnement dans lequel vous allez évoluer durant des dizaines d'années peut-être.

Ce chemin spirituel caché dans des allégories et illustré par des symboles vous mènera à vous découvrir vous-même, à vous dépasser, et à apporter au monde une personne meilleure.

En tout cas c'est tout le bien que nous vous souhaitons.

b) Comprendre la structure d'une obédience (Loge/Province, etc.)

Une « obédience » est un ensemble de Loges, qui sont autant de sections locales, souvent organisées en associations (loi de 1901), réunies par des principes, des statuts et des règlements.

La structure originelle de ceci est une franc-maçonnerie « monogenre » où des Loges ne sont composées que d'hommes. Après un processus d'évolution propre à chaque pays, il existe désormais aussi une franc-maçonnerie exclusivement composée de femmes, ainsi qu'une franc-maçonnerie mixte. Ni meilleures, ni moins bonnes, ces loges ont fait un choix respectable de pratiquer une franc-maçonnerie qui leur convenait le mieux, tout en respectant la différence des autres.

À la base de l'obédience il y a des frères et/ou des sœurs qui sont réunies dans des loges.

Au niveau régional, ces loges sont réunies dans une Province.

Au niveau national, l'ensemble des Provinces constitue l'Obédience.

À la tête de l'Obédience est nommé un Grand Maître ainsi qu'une sorte de Grand Conseil (dont le nom varie suivant les obédiences). Nous le verrons plus tard en détail, ce

Grand Conseil s'occupe d'organiser et de s'assurer du bon respect des statuts et règlements de l'obédience, tout en prodiguant conseils et assistance à toutes les loges qui composent l'obédience.

Le Grand Maître et le Grand Conseil ne sont pas des personnes supérieures à d'autres. Celles-ci obéissent aux mêmes règles que les frères et les sœurs de la Loge, ils en sont même les garants.

Chaque frère et chaque sœur qui ont à cœur de travailler à la pérennisation et au rayonnement de la franc-maçonnerie est en mesure d'accéder à ces offices, dans la mesure de son implication et de ses capacités.

c) La Loge d'Instruction

Nous avons vu précédemment ce qu'était une Loge. Voyons donc maintenant son pendant destiné à l'instruction des frères et des sœurs : la Loge d'Instruction (Lodge of Instruction = LoI).

Au rite Anglais style Émulation, en Angleterre, cette instruction n'est pas faite par les Surveillants, mais par le Précepteur lors des réunions d'Instruction. Généralement, ce Précepteur est également le Directeur des Cérémonies. C'est ainsi celui qui est en charge de la bonne installation des outils pour les cérémonies et du respect du rituel dans les tenues, qui dirige les répétitions de cérémonies aux trois grades. Ceci pour s'assurer que la transmission du savoir se fasse afin de former les futurs officiers et Vénérables Maîtres. C'est-à-dire vous.

Il y a ainsi une séparation entre les LoI ouvertes à tous les membres de la Loge, et les « LoI officers' nights » (nuits des officiers de la Loge d'Instruction) où seuls les officiers en poste sont habilités à venir répéter les cérémonies. Car les Anglais réalisant, en moyenne, 4 tenues par an, procèdent généralement à 2 Officers' night avant chaque cérémonie. Ce qui fait une moyenne de 12 réunions par an du collège complet.

Mais à quel rythme se réunit alors la Loge d'Instruction normale ? Une fois par mois ? Une fois par trimestre ? En réalité les LoI se réunissent généralement une fois par semaine ! Oui, par semaine ! Ce qui peut, pour la plupart des officiers réaliser 40 réunions maçonniques par an !

Nous sommes loin des 30 réunions dont certain(e)s peuvent se plaindre dans certaines Loges continentales (à raison de 2 tenues par mois et 1 réunion d'Apprenti ou de Compagnon).

Mais qu'y fait-on toutes ces semaines ? Et bien on répète ! On répète ! Et on répète encore ! Car il y est enseigné le rituel de manière plus informelle que lors d'une tenue et aucune initiation n'est réalisée. Par ailleurs, les « décors » ne sont pas généralement portés, seule la mise en place des lieux est réalisée pour se repérer dans l'espace. Pour le Vénérable Maître (VM) et les Surveillants (SURV) il y a des maillets et le Volume de la Loi Sacrée (VLS) est présent mais non ouvert.

Un Secrétaire (SEC) tient à jour le registre des cérémonies répétées avec le nom des présents, etc. Le Précepteur dispense conseils et remarques aux frères participants, notamment au VM et aux SURV du jour, qui peuvent être des Apprentis ou des Compagnons désignés comme officiers. Il est donc essentiel de ne pas oublier ses rituels en loge d'Instruction.

Charles J. CARTER préconise d'ailleurs un programme très simple[1] : de septembre à fin juin : 36 réunions. Le premier cycle contient de 14 semaines. Sur ces 14 semaines, comme le tableau ci-dessous l'indique, les frères savent très exactement quelle partie de la cérémonie leur est attribuée.

La règle étant que chaque frère réalise le poste qui lui est supérieur en priorité. Ainsi le VM de la 1re réunion se trouve être le 1er Surveillant et numéroté = 1, le 1er Surv = le

---

[1] Charles J. CARTER, *The Preceptor's Handbook*, Lewis Masonic, 2008.

2è Surveillant de l'année, et donc numéro 2, le 2è Surveillant = 1er Diacre, numéroté 3, le 1er Diacre = 2è Diacre, numéro 4, le 2è D. = Garde Intérieur, numéroté 5, et de 6 à 13, les Stewards et autres frères Apprentis et Compagnons (à noter que dans les Loges dépassant le nombre de 13 membres, il est possible de dédoubler des postes, ainsi 2 officiers se relaient pour faire la cérémonie d'Élévation au poste de 1er Surveillant, etc.).

On peut ainsi voir que le 2e Surveillant de la Loge (indiqué sous le numéro 2 en foncé) aura en Loge d'Instruction à faire 4 cérémonies. Par contre, un Intendant (ou Steward) avec le numéro 6, qui n'est même pas encore officier de la Loge, aura l'occasion de répéter 12 cérémonies dans l'année, du Garde Intérieur au Vénérable Maître. Ainsi, au bout de la 7e année, il aura participé à 42 répétitions. Il est beaucoup plus facile de comprendre comment font les Anglais pour réaliser leurs cérémonies par-cœur non ?

Bien sûr, tout ceci est sur le papier, car il y aura des impératifs familiaux, des maladies, etc. Mais en tout cas, le Précepteur peut ainsi facilement procéder à des substitutions pour aider à combler les postes lors d'une répétition.

Mais un point est important à noter : tous les frères Anglais ne participent pas à la LoI ! Seuls ceux ayant la capacité et l'envie d'entrer dans le cursus, la carrière qui mène au Vénéralat seront intégrés. Un frère qui n'a pas l'envie de réviser chez lui ses rituels durant les 7 prochaines années n'a aucune chance d'être admis en LoI hormis comme spectateur. Bien sûr, en voyant ses frères réaliser ces cérémonies, il y a un risque que ceci lui donne envie, mais combien de fois avons-nous vu en Loge des frères et des sœurs d'apparence motivés, jusqu'à ce qu'un poste leur soit fourni !

Semaine	Grade	VM	1er S.	2è S.	1er D.	2è D.	GI
1	Initiation	1	2	3	4	5	6
2	Passage	2	3	4	5	6	7
3	Elévation	3	4	5	6	7	8
4	Initiation	4	5	6	7	8	9
5	Passage	5	6	7	8	10	11
6	Elévation	6	7	8	10	11	13
7	Initiation	7	8	10	3	12	13
8	Passage	1	2	3	4	5	6
9	Elévation	2	3	4	5	6	7
10	Initiation	3	4	5	6	7	8
11	Passage	4	5	6	7	8	10
12	Elévation	5	6	7	8	9	11
13	Initiation	6	7	8	10	11	12
14	Passage	7	8	10	11	12	13

Légende

Nom de l'officier dans le Collège actuel	1er Surveillant	2è Surveillant	1er Diacre	2è Diacre	Garde Intérieur	Autres frères
Numéro dans le tableau	1	2	3	4	5	6 à 13.

15

d) Les Loges d'Études et de Recherche

Un autre type de Loge existe : la Loge d'Étude et de Recherche (LER). Généralement ouverte dans la plupart des obédiences à la visite fraternelle d'autres Loges, il s'agit d'une Loge de prestige tout autant qu'un laboratoire ouvert à tous et à toutes.

Une LER est en effet une structure présente dans certaines obédiences et qui propose de faire découvrir, étudier et mieux comprendre l'esprit, les usages et les sources de la tradition maçonnique dans son ensemble.

Tel que pratiqué à la Grande Loge Unie d'Angleterre par exemple, la LER est attachée à une loge dite de « Plein Exercice ». Transposée en France, elle travaille donc principalement au rite de la loge Mère mais permet à des frères d'autres rites et d'autres obédiences de la visiter.

L'usage est toutefois répandu sur le continent que pour qu'un Apprenti se déplace en Loge d'Études et de Recherches, il se fasse accompagner d'un frère ou d'une sœur Maître de son atelier afin de lui expliquer les subtilités du rite qu'il ou elle visite.

Dans une LER, les officiers sont choisis parmi les Maîtres et le Vénérable Maître est élu comme pour une loge de « Plein Exercice ». Notons d'ailleurs qu'il peut recevoir, à ce titre, ce que l'on nomme « l'Installation secrète » qui est en fait une cérémonie particulière qui va investir un frère ou une sœur comme Vénérable Maître de Loge.

Privilégiant généralement l'étude des documents selon

la méthode historique, la LER a pour principe de permettre à ses participants la remise en question des sources par l'étude des textes fondateurs de la maçonnerie ou bien de celles et de ceux qui ont apporté quelque chose d'unique à la franc-maçonnerie par leur parcours maçonnique.

Une Loge d'Études et de Recherches ne peut cependant pas réaliser de cérémonies d'Initiations, de Passage de Compagnon ou d'Elevation de Maîtres.

Généralement, le travail en Loge d'Études et de Recherches se limite à l'étude, mais peut aussi être ouvert à la recherche. La différence entre les deux se situant dans la notion de « découverte » de nouvelles sources par une recherche dans des fonds d'archives privées ou publiques. Ce qui est de plus en plus rare actuellement.

e) La Province/La Loge des Grands Stewards

Nous l'avons vu précédemment, la Province est composée de Loges réunies par un critère géographique.

Lorsqu'il y a une concentration de loges dans une même zone géographique proche, il n'est pas rare que de nombreux frères et sœurs pratiquent ainsi plusieurs rites.

Les Anglais considèrent la province comme une « Grande Loge Provinciale » et, à ce titre, un Grand Maître Provincial est élu, qui désigne des Grands Officiers.

La Province est le filet de sécurité unissant toutes les loges dans le respect des pratiques de l'Obédience.

Historiquement parlant, une autre Loge a énormément d'importance au rite Anglais : c'est la loge des Grands Stewards.

C'est elle qui, en 1823, a donné l'impulsion pour la création d'une Loge d'Instruction : la Emulation Lodge of Improvment (qui donnera plus tard son nom au style, ou « working », Emulation). Gardienne du rite, la Loge des Grands Stewards organise le *Grand Festival* annuel de la Grande Loge nationale qui donne lieu à une Quarterly Communication (4 fois par an, en Mars, Juin, Septembre et Décembre), mais également 5 ou 6 repas annuels.

Au nombre de 19, ils sont sélectionnés parmi les *Red Apron Lodges* de chaque province (il s'agit généralement du Vénérable Maître de cette Loge). Mais parfois un Grand Steward peut l'être dans deux Provinces différentes. Et à noter également qu'un ancien « Grand Steward » (« Past Grand Steward ») ne possède pas le statut de « Grand Rank ».

À l'échelle d'une loge, un Steward (ou Intendant, à ne pas confondre toutefois avec l'Intendant au Grand Orient de France qui est en réalité un Diacre, ou Expert à la GLNF) est en réalité le premier poste qu'un Apprenti peut effectuer.

L'Intendant (Steward) va assister les différents officiers pour, par exemple, lister et encaisser les frères pour les agapes, aider le Secrétaire lors de la signature du registre de présence, assister le Trésorier lors de l'appel aux capitations, etc.

Tout ceci ayant, bien évidemment, comme finalité initiatique de faire découvrir aux frères et aux sœurs les différents organes d'une loge, et leur permettre d'avoir des occasions de discussions avec leurs frères et leurs sœurs.

II. L'organisation de votre Loge

a) La parole en loge

Le monde profane du XXIe siècle professe que chaque individu est unique, exceptionnel, formidable et qu'il faut absolument que vous le fassiez savoir en vous différenciant.

Le monde maçonnique vous apprendra que vous êtes une partie d'un tout, ni meilleur ni moins bon que les autres, et que l'humilité, le travail sur soi et la recherche de la connaissance sont les seuls moyens de vous élever pour donner au monde un être humain digne de ce nom.

À ce titre, le rite Anglais possède une particularité. En France, vous apprendrez que, maçonniquement parlant, l'Apprenti n'a pas le droit de prendre la parole. Non pas que sa parole n'ait aucune importance. Non pas pour le ou la vexer. Non pas pour le ou la faire sentir inférieur à qui que ce soit, mais, bien au contraire, pour lui permettre de réfléchir.

En Angleterre, et au sein de certaines obédiences, au style Émulation, les Apprentis peuvent prendre la parole pour poser des questions. Dans ces Loges il suffit de taper doucement dans ses mains face au Vénérable, de soulever légèrement sa main, ou bien de simplement se mettre debout (sans se mettre à l'ordre, puisque les conversations ont lieu en suspension de séance). Vous le verrez alors, le Vénérable prendra en compte votre demande et vous donnera la parole dans l'ordre des demandes présentées. Regardez comment les

Maîtres font, et faites de même.

Par ailleurs, les frères et les sœurs ne se coupent jamais la parole en Loge. Jamais non plus ils ne répondent à un frère ou une sœur, puisqu'ils s'adressent toujours, et uniquement, au Vénérable Maître. Ceci permet de se focaliser sur le sujet traité, et évite de « rebondir » sur un commentaire précédent qui pourrait ainsi faire dériver le sujet de conversation.

Également, des conversations en Loge, il n'y en a point. Le bavardage avec votre voisin(e) est à prohiber avec la plus forte retenue afin de permettre à chacun de se concentrer sur les paroles et les gestes qui sont réalisées.

Si l'on ne bavarde pas, on ne s'écrit pas pour autant. L'usage du téléphone est ainsi totalement prohibé en Loge lorsque la Loge est dite « ouverte ». C'est un espace sacré, hors du temps et des préoccupations matérielles de la vie profane, nous sommes certains que vous respecterez, ainsi, l'engagement maçonnique de vos frères et de vos sœurs en les respectant eux-mêmes.

On ne parle donc pas, on ne s'écrit pas, mais on ne mange ni ne boit pas non plus. Seule exception à cela, la suspension des travaux pour écouter une « planche » par exemple. On parle alors d'ailleurs d'aller « du travail au repos »[2] mais de demeurer à portée de voix afin de revenir en temps voulu.

Ainsi, plutôt que de profiter de l'occasion pour aller prendre une tisane, saisissez plutôt la possibilité de suppléer à

---

[2] « from labour to refreshment » en anglais.

un besoin pressent si, vraiment, ceci ne peut attendre.

Également, et ceci est très important, en Loge, nul ne parle ni politique, ni religion. Les siècles passés ont trop vu les séquelles des dissensions parmi les Hommes que ces sujets pouvaient générer. Cet usage simple en Loge est également à appliquer lors des banquets, ou bien même avant ou après la tenue

b) Votre place dans l'espace de la Loge (plan requis)

À Émulation, le placement est libre, excepté bien évidemment à la fin de votre initiation où vous avez été placé à un endroit bien particulier.

Toutefois, certaines Loges, pour suivre les usages français usités dans les autres rites, les Apprentis se placent néanmoins sur la colonne du Nord et les Compagnons sur la colonne du Midi.

Cette notion de « colonne du Nord » fait ainsi référence à la colonne qui vous a été présentée lors de votre initiation, mais désigne également la rangée de sièges à main gauche lors de votre entrée dans la Loge. Ainsi, lorsque vous êtes assis(e) sur votre colonne du Nord, face à vous, se situe le Deuxième Surveillant, qui n'est pas là pour vous surveiller, mais pour surveiller l'intégralité des maçons présents lors de la suspension des travaux.

À votre droite, se situe le Premier Surveillant, qui effectue les mêmes fonctions lorsque les travaux sont ouverts. Il se situe à l'Ouest, comme vous l'apprendra le rituel d'ouverture/fermeture qui vous a été remis et que nous vous conseillons d'apporter en Loge afin de le lire en même temps que les officiers récitent le rituel.

À son opposé, à l'Est, se situe le Vénérable Maître en poste pour l'année en cours. Nous le découvrirons dans ce livret, tous les membres d'une Loge Emulation sont destinés à assurer cette fonction, et la Loge d'Instruction, ainsi que le travail de votre Parrain/Marraine, du Mentor, du Tuileur et du Précepteur seront là pour vous y accompagner. Même si vous ne le savez pas encore, vous en avez la capacité.

D'autres officiers sont répartis dans l'espace face et autour de vous. Nous les découvrirons dans un point suivant, tout comme ces objets curieux que vous pourrez observer et que vous apprendrez à placer correctement dans l'espace de la Loge.

Ce qu'il vous faut toutefois mémoriser le plus rapidement possible est la manière de « saluer » le Vénérable Maître. Comme il vous a été expliqué lors de votre initiation, celle-ci est composée d'un pas et d'un signe. Celui-ci est à répéter chez vous, mais aussi avant la tenue sous la surveillance bienveillante du Directeur des Cérémonies. N'hésitez donc pas à le questionner à ce sujet, quitte à refaire ce signe 10 fois, 20 fois, 30 fois tant qu'il ne sera pas effectué correctement.

Ne négligez jamais le signe de votre grade ! C'est le symbole de l'obligation que vous avez juré de respecter. Nous sommes certains que le négliger est une injure à vous-même que vous ne commettrez pas.

De même, en loge, il est quelques conseils utiles à respecter :

- Lorsque le Vénérable se lève, tout le monde se lève (sauf s'il précise le contraire, comme par exemple pour la suspension des travaux, ou bien durant l'initiation),
- Lorsque vous vous déplacez en loge, suivez simplement le Directeur des Cérémonies. Nul besoin de « marquer » les angles comme si vous

marchiez autour d'un rectangle imaginaire (et même s'il est marqué au sol),

Par contre, lorsque vous passerez Compagnon, il vous sera demandé de marquer ces angles durant la cérémonie, comme pour votre initiation. Une cérémonie est l'unique occasion de le faire, car cela correspond à une tradition qui s'explique historiquement par la présence au sol au XVIII ès des symboles que vous pouvez observer désormais sur un tableau posé contre le piédestal du Deuxième Surveillant..

Figure 1 Plan d'une Loge au rite Anglais après 1813 (mis à jour avec les officiers du XXIès).

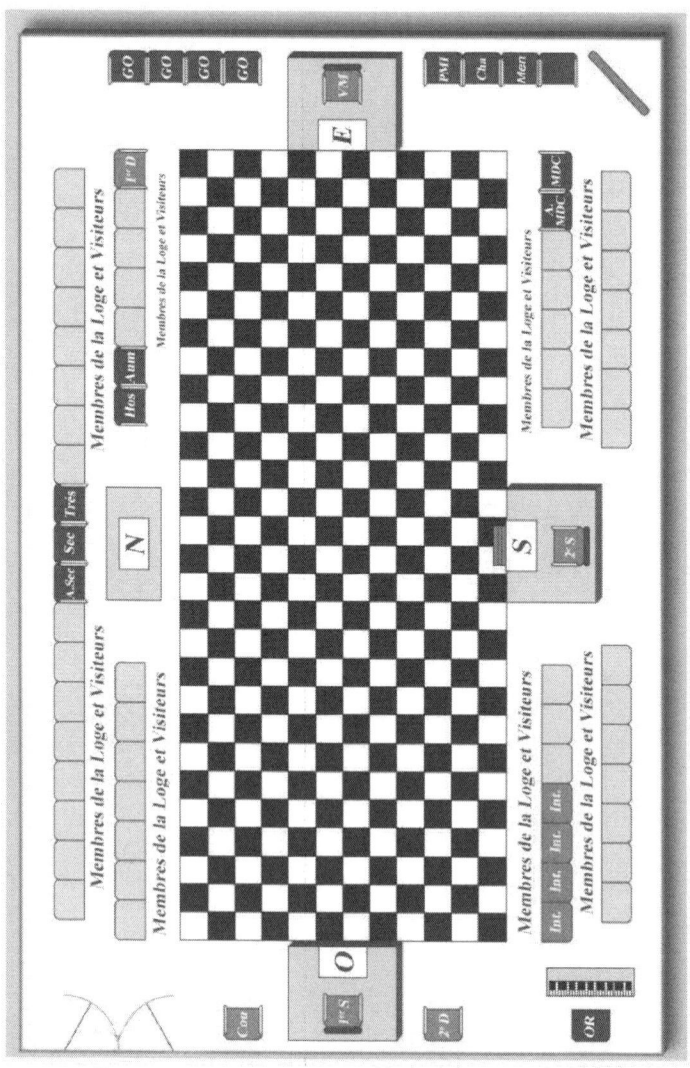

26

c) La découverte de l'espace (montage de la loge)

Lorsque vous recevez du Secrétaire de votre Loge une convocation, prêtez attention aux horaires. Vous constaterez qu'il est attendu qu'en tant qu'Apprenti(e) vous montiez la Loge. Par « monter la Loge », il faut comprendre : disposer les objets nécessaires à la tenue dans la Loge.

Moment essentiel dans la vie d'un(e) Apprenti(e), le montage d'une Loge est l'occasion pour celui ou celle-ci de se familiariser avec ce que l'on nomme les décors. Il s'agit en fait de tous les éléments qui seront utilisés, ou qui ont une portée symbolique.

Moment d'échange avec les Maîtres, il est erroné de considérer cela comme une corvée ou comme une punition de bizutage. Bien au contraire, ceci vous permettra d'engager la discussion avec des frères ou des sœurs qui pourront apprendre à vous connaître, et en profiter pour vous transmettre leurs connaissances. Vous pourrez, à votre tour, les découvrir, et mieux comprendre les cérémonies auxquelles vous allez assister.

Car en montant la Loge, vous apprendrez à vous repérer dans la terminologie maçonnique(Orient/Occident…), apprendre à placer correctement les cartels (B****é, F***e, S*****e), mais aussi les ordres d'architecture, les Lumières, les colonnes des surveillants, les colliers, etc.

En montant la Loge, vous apprendrez à connaître les fonctions des Officiers, et ainsi, en découvrant où ils se situent, vous pourrez échanger avec des Maîtres sur leur rôle.

Ceci vous permettra alors de comprendre pleinement l'Instruction par Questions et Réponses qui est donnée lors de l'ouverture du 1er grade entre le VM et les officiers principaux. Nous vous invitons d'ailleurs à lire attentivement ceci dans les documents qui vous ont été fournis et à interroger des Maîtres à ce sujet afin que vous compreniez la pertinence de cette remarque.

Vous noterez également que, souvent, vous verrez des frères Maîtres procéder avec vous au montage de la Loge. N'en profitez pas pour les laisser faire, car, s'ils le font, c'est qu'ils vous ôtent d'un privilège auquel vous avez droit. D'ailleurs, s'ils le font, c'est bien parce qu'ils ont compris le plaisir à retirer, une fois l'ouverture effectuée, d'avoir participé à la constitution de quelque chose plus grand que soi.

Considérez, enfin, que celui, ou celle, qui estime que monter une Loge est indigne de l'image qu'il ou elle a de soi, parce que dans son métier, ou son éducation, tout lui a laissé à penser que les activités de ce genre étaient réalisées par les autres, n'est peut-être pas forcément digne d'être franc-maçon.

Ne faites donc pas cette erreur, et arrivez à l'heure pour monter la Loge.

d) Les officiers : la filière des offices jusqu'au Vénéralat

Vous l'avez probablement remarqué dès votre initiation, certains frères et sœurs portent une sorte de collier autour du cou qui se termine par un « bijou ».

Il s'agit en fait d'une bande de tissu à passer autour du cou afin de suspendre un symbole de la fonction occupée par le frère ou la sœur : son office.

Les officiers sont des frères et des sœurs qui ont accepté de réaliser des tâches pour la Loge afin que celle-ci vive et prospère.

Accepter un office est donc exprimer son amour pour la Loge et le signe de la volonté de faire de nouveaux progrès en franc-maçonnerie.

Certains de ces postes suivent une progression : la filière. Ils sont au nombre de 7 :

- Intendant (Steward).
- Garde Intérieur (ou Couvreur à la GLTSO).
- 2è Diacre (ou Expert à la GLNF et Intendant au GODF).
- 1er Diacre (ou Expert à la GLNF et Intendant au GODF).
- Deuxième Surveillant.
- Premier Surveillant.
- Vénérable Maître.

Dans certaines obédiences, lorsque les effectifs dépassent les 40 membres, il est extrêmement compliqué d'accéder aux responsabilités.

Dans les petites structures, chaque frère ou chaque sœur qui entre peut ainsi espérer devenir Vénérable Maître en moins de 10 ans. Et ce, qu'importe s'il ou si elle ne s'en sent pas encore capable.

Car en s'engageant dans la filière, vous remarquerez que c'est la fonction qui fait l'Homme et non pas l'inverse.

On ne devient pas ainsi Vénérable Maître parce qu'on est apte à le faire.

On devient Vénérable Maître, et c'est en l'étant que l'on deviendra apte à le faire.

Par ailleurs, le fait de tenir successivement différents offices vous permettra de vous familiariser avec les rituels et les subtilités de toutes les cérémonies.

Vous aurez donc, à force d'avoir vu la Loge de manière différente, une plus grande expérience, et votre appréhension aura su disparaitre au profit d'un calme serein.

Vous pouvez le faire, car nous l'avons vu en vous.

Ceci est valable à tous les offices. Nulle peur donc à avoir. Vous n'êtes jamais seuls. Mais d'ailleurs, ceci ne vous concerne pas encore, puisque pour être officier, il vous faudra déjà devenir Maître et entrer dans la filière.

Toutefois, en dehors de cela, certains frères et sœurs peuvent aussi assumer d'autres fonctions. Généralement, ce sont des anciens Vénérables Maîtres (des Passés Maîtres) qui occupent ces fonctions pour plusieurs années (sauf le PMI qui est le VM de l'année précédente).

Ils sont désignés par le Vénérable Maître, sauf le Trésorier et le Tuileur qui sont élus :

- Passé Maître Immédiat (PMI).
- Chapelain. (Chap.).
- Trésorier (Très.).
- Secrétaire. (Sec.).
- Directeur des Cérémonies (DdC ou DC) ou Maître des Cérémonies (GODF).
- Aumônier (Aum.) ou Hospitalier à la GLTSO ou Éléémosinaire à la GLNF.
- Intendant de Bienfaisance (IB).
- Secrétaire Assistant (SA).
- Assistant Directeur des Cérémonies (ADC).
- Organiste.
- Tuileur.
- Mentor.

Il est intéressant de noter qu'en 2021 fut révélé le bijou d'un officier de Loge nouveau : The Lodge Membership Officer (LMO).

Représenté par un Lewis, le LMO est le responsable dans chaque Loge du recrutement de nouveaux membres, en particulier de membres qui n'avaient aucun lien avec la franc-maçonnerie.

C'est donc une prise en compte concrète de la nécessité de se tourner vers la société pour recruter de nouveaux membres pour la Grande Loge Unie d'Angleterre.

Offices progressifs : la filière

Intendant	Garde Intérieur	Diacres (2è et 1ᵉʳ)
Une corne d'abondance entre les jambes ouvertes d'un compas	Deux épées croisées	Une colombe avec une branche d'olivier

Deuxième Surveillant	Premier Surveillant	Vénérable Maître
La perpendiculaire, ou fil à plomb	Le niveau	L'équerre

Ordre de la filière
1) Intendant
2) Garde Intérieur
3) 2è Diacre
4) 1ᵉʳ Diacre
5) Deuxième Surveillant
6) Premier Surveillant
7) Vénérable Maître

Obligation pour devenir Vénérable Maître :
avoir été Surveillant (2ᵉ ou 1ᵉʳ).

Figure 2 Bijoux de la Grande Loge Unie d'Angleterre selon le Book of Constitutions A noter que parfois les Diacres ont un bijou représentant Hermès. Ceci s'explique par l'origine de la Loge.

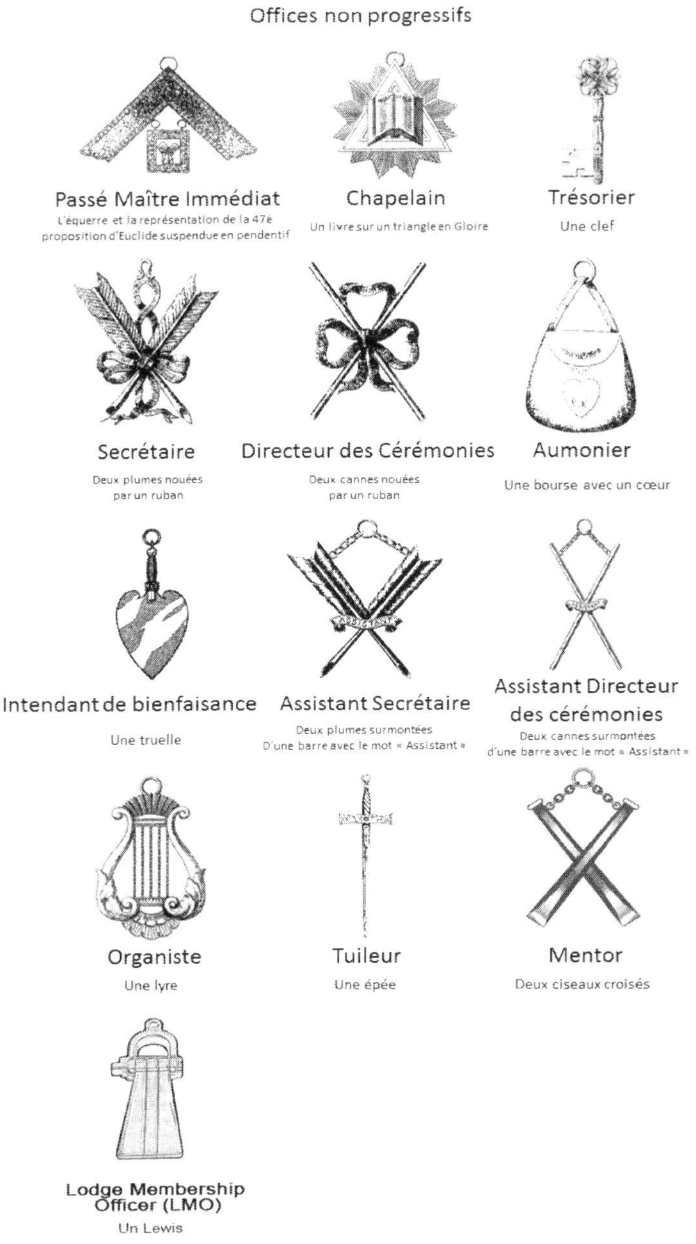

Offices non progressifs

Passé Maître Immédiat
L'équerre et la représentation de la 47è proposition d'Euclide suspendue en pendentif

Chapelain
Un livre sur un triangle en Gloire

Trésorier
Une clef

Secrétaire
Deux plumes nouées par un ruban

Directeur des Cérémonies
Deux cannes nouées par un ruban

Aumônier
Une bourse avec un cœur

Intendant de bienfaisance
Une truelle

Assistant Secrétaire
Deux plumes surmontées d'une barre avec le mot « Assistant »

Assistant Directeur des cérémonies
Deux cannes surmontées d'une barre avec le mot « Assistant »

Organiste
Une lyre

Tuileur
Une épée

Mentor
Deux ciseaux croisés

Lodge Membership Officer (LMO)
Un Lewis

Figure 3 Bijoux de la Grande Loge Unie d'Angleterre selon le Book of Constitutions

e) L'instruction : Parrain-Marraine/Mentor/Tuileur/Précepteur

Nous l'avons donc vu, il y a deux catégories d'officiers : ceux qui suivent une filière, et ceux qui ne sont pas des postes progressifs. Toutefois, certaines fonctions ne sont pas simplement des postes nécessitant un apprentissage par cœur ou requérant des compétences administratives. Il s'agit des fonctions liées à la transmission.

La première fonction que vous rencontrerez est celle de votre parrain ou de votre marraine. C'est la personne qui, lorsque vous pénétrez dans la Loge, est celle qui vous connaît ou vous connaîtra le mieux. Vers lui ou elles iront vos premières questions. Les Anglais la nomment « Personal Mentor » ou « Proposer ».

La Loge possède également ce que l'on nomme un « Mentor ». Ancien(ne) Vénérable Maître (donc : Passé Maître), il ou elle a la charge d'accompagner les frères et sœurs juste après les cérémonies. Il en rend ensuite compte à la Loge pour les informer les différents questionnements et soucis éventuels rencontrés, et vous aider à recevoir éventuellement l'aide et le conseil de certains frères et sœurs si besoin était. Il ne se substitue ainsi pas à l'enseignement que peut fournir un Parrain/Marraine, un Tuileur, ou tout autre Maître, mais il vous accompagne dans 3 éléments :

- Il ou elle doit être un modèle qui vous donne envie d'apprendre,
- Il ou elle vous fournit les outils pour travailler,

- Il ou elle vous aide à tirer les leçons de ce que vous apprenez en Loge pour l'appliquer dans votre vie quotidienne.

Le Tuileur, pour sa part, va vous instruire lors des tenues. En effet, une Loge Emulation ouvre ses travaux au 1er, au 2e puis au 3e grade. Il y a donc des moments où vous devrez sortir de la Loge et vous retrouver à attendre que votre présence soit requise. Durant ces moments, vous n'aurez normalement pas rien à faire. Le Tuileur vous attendra à l'extérieur, et vous prendra en charge pour travailler ce que l'on nomme les « Instructions par Questions et Réponses » qui vous ont été remises après votre initiation.

Si les officiers forment les organes du corps de la Loge, les Instructions par Questions et Réponses en sont le sang. Elles véhiculent le symbolisme nécessaire à la transmission entre les générations, et sont autant d'éléments de réflexion pour votre développement personnel.

Autre élément pour répondre à vos interrogations, il y a la Loge d'Instruction (« Lodge of Instruction » : LoI). Celle-ci ne réalise pas des tenues à proprement parler mais votre présence à ces réunions est obligatoire afin de pouvoir espérer un jour tenir correctement les offices qui n'attendent que vous. À la tête de la LoI, nul Vénérable Maître, mais un Précepteur comme nous l'avons vu précédemment. Celui ou celle-ci est un frère ou une sœur Passé Maître qui a une bonne connaissance des cérémonies (Initiation, Passage, Compagnon) et qui est là pour permettre l'entrainement de chacun. Apprentis, Compagnons, ou Maîtres peuvent ainsi assumer à chaque réunion un poste différent, et se familiariser avec les postes qu'ils occuperont un jour.

III. Le rite Anglais de style Émulation

a) Les grades et les tabliers

La maçonnerie anglaise désigne comme « Craft Lodges » (Loges du Métier) les loges d'Apprentis, Compagnons et Maîtres. Un « profane » (personne n'ayant pas reçu l'initiation) devient Apprenti par l'Initiation, puis devient Compagnon par la cérémonie de Passage et devient Maître par la cérémonie d'Élévation. Vous entendrez souvent dire que la franc-maçonnerie est composée de trois grades, Apprenti, Compagnon, Maître et l'Arc Royal. Ce qui, en théorie en fait donc quatre. Ce qui est très anglais. Car la maçonnerie anglaise considère certains « degrees » comme additionnels.

Un « degree » se traduit en France par le mot « grade », mais en réalité cela signifie surtout « une marche ». L'évolution est progressive, et certains « degrees » complètent des grades déjà reçus. Ainsi, le grade de Maître Maçon de la Marque (M.M.M.) complète celui de Compagnon, mais qne s'acquiert qu'après avoir été élevé Maître. De même, l'Arc Royal (Excellent Maître-E.M., puis Compagnon de l'Arc Royal-C.A.R.) a longtemps été considéré comme complétant le grade de Maître. Ce n'est plus le cas en Angleterre, car ceci n'est pas de la maçonnerie dite « bleue ». Ce terme « bleue » évoque les grades d'Apprenti/Compagnon/Maître où vous pourrez observer des tabliers portant du bleu.

Car depuis 1817, tous les tabliers sont bâtis sur le modèle du tablier d'Apprenti. Blanc et symboliquement en peau d'agneau pour évoquer l'innocence de l'Agneau de Dieu. Le tablier de Compagnon, avec ses deux rosettes bleues rappelle la coutume du XVIIIe siècle où pour signaler un grade, il convenait de relever un côté du tablier et de l'attacher à un bouton situé sur la bavette au milieu[3]. Ainsi, en remontant le coin inférieur gauche, les frères indiquaient qu'ils étaient Compagnons du Métier, et en remontant le coin inférieur droit, ils indiquaient le fait qu'ils étaient Maîtres. Le tablier de Maître, avec ses trois rosettes et ses pendeloques, est un souvenir de l'époque où les tabliers étaient noués à la taille, et les extrémités des cordes revenaient pendre sur le devant du tablier. Enfin, le tablier de Vénérable Maître possède des « niveaux » (et non pas des « taus », mais ceci vous sera expliqué plus tard).

D'autres tabliers pourront vous être montrés. Il s'agit des tabliers des Officiers Nationaux, d'un bleu plus foncé. Mais une question se pose : d'où viennent ces bleus ?

Pour le premier, il s'agit du « light blue », ou bleu pâle, de l'Ordre de la Jarretière, premier Ordre de Chevalerie du pays, institué par Édouard III en 1348 et qui est la couleur de la dynastie des Stuart. L'autre bleu que vous pourrez observer est celui des Officiers Nationaux. Un bleu plus sombre. Il s'agit du « Garter blue » correspondant à l'Ordre de la Jarretière de la dynastie des Hanovre, qui fut instauré vers 1740. Car à cette époque, il y avait deux dynasties rivales qui se distinguent de leurs deux Ordres de la Jarretière[4].

---

[3] Rev. Neville Barker Cryer, *I just didn't know that*, Lewis Masonic 2013
[4] Pour aller plus loin : http://pierresvivantes.hautetfort.com/archive/2013/05/13/pourquoi-des-loges-bleues.html

Enfin, des tabliers rouges « crimson » (cramoisi) pour la Loge des Grands Stewards.

Tabliers anglais (non exhaustif)

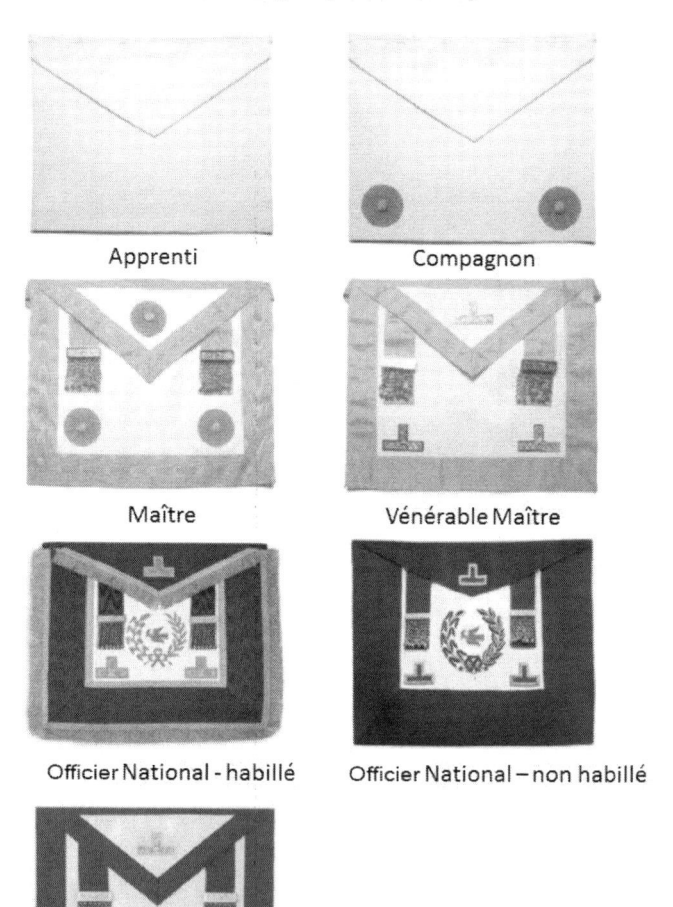

Apprenti

Compagnon

Maître

Vénérable Maître

Officier National - habillé

Officier National – non habillé

Grand Steward

Figure 4 Tabliers de la Grande Loge Unie d'Angleterre

b) Qui décide dans la Loge : la conférence de Maîtres

Les francs-maçons aiment bien s'appeler et se voir en dehors de la Loge. Souvent, ils discutent de la Loge d'ailleurs. Ils évoquent ce qui s'est passé à la dernière tenue, ce qui devrait être fait, et, sans qu'ils ne s'en rendent compte, ils prennent des décisions pour la Loge qui ne devraient pas.

En effet, toutes les décisions qui concernent la Loge doivent se prendre en Conférence de Maîtres. Et nulle part ailleurs. Qu'importe le grade de celui ou celle qui la prend.

Ainsi, les bons Maîtres, lorsqu'ils ont une proposition pour la Loge, peuvent en parler entre eux, mais font toujours la remontée au VM afin que celle-ci soit signifiée en Conférence de Maîtres pour être soumise au groupe des Maîtres réunis.

C'est le lieu où le Mentor rendra compte de votre travail en Loge et au dehors. C'est le lieu où il ou elle proposera votre Passage de Compagnon. C'est le lieu où, un jour, vous aurez à lever la main droite pour montrer votre décision.

En attendant, gardez le silence et le bras baissé. Chaque chose vient en son temps.

.

c) Le déroulement d'une tenue :

Trouver sa place dans la Loge, c'est aussi savoir où l'on se trouve. Ainsi, en tant qu'Apprenti, l'usage français veut que vous soyez assis(e) sur la colonne du Nord. En Angleterre, rien ne l'y oblige.

Mais nous sommes en France et être assis sur la colonne du Nord est l'usage dans nombre de loges pour les Apprentis.

Ainsi, face au Deuxième Surveillant, sur la colonne du Nord, vous allez voir des frères et des sœurs sortir. Le Directeur des Cérémonies va alors entrer et vous signaler de vous lever pour l'entrée du Vénérable Maître et de ses Surveillants.

En silence, vous allez vous lever et observer ce qui se passe. Vous verrez que tout a un ordre. Notamment ensuite, lorsque vous entonnerez l'ode d'ouverture en par cœur. Nous ne pouvons que vous enjoindre à l'apprendre par cœur. Ceci sera votre premier travail de mémorisation.

Le ou la Vénérable Maître va alors procéder à l'ouverture des travaux. S'il ou elle se lève, vous vous levez, s'il ou elle s'assied, vous vous asseyez. Une fois fait, il vous sera demandé de sortir. Vous saluerez donc correctement le VM et serez accueilli(e) à l'extérieur par le Tuileur. Après avoir travaillé un certain temps ensemble, il sera le moment de rentrer en Loge. Saluez à nouveau correctement et asseyez-vous.

Il vous sera demandé ensuite de participer à la

bienfaisance collective.

Et voilà, il est déjà temps de fermer la Loge. Chantez l'ode de fermeture, par cœur encore, puis regardez le cortège sortir, en prenant sa suite.

Dehors, n'oubliez pas de remercier le Vénérable Maître avant de ranger les décors de la Loge. La Loge rangée, vous avez alors le droit d'aller assister au banquet.

d) Les banquets festifs

Par pitié, épargnons-nous les précautions de parler des règles sanitaires, et énonçons les choses comme elles auraient dû être dites directement avant 2020 : le banquet festif fait partie de la tenue. Ne pas y assister, c'est manquer le moment essentiel et convivial d'une Loge.

Le banquet (nommé « Agape(s) » dans d'autres rites) est souvent négligé par les frères et les sœurs éprouvé(e)s par le cordon. Ne faites pas cette erreur. Ne cédez pas aux sirènes de la facilité en prétextant de vous lever tôt le lendemain.

Car 3h du matin, c'est tôt. 4h du matin, c'est tôt. 5h, encore, à la limite. Mais 6h du matin… Moi aussi mon frère… Moi aussi ma sœur je me lèverai à 6h. Allons au banquet !

Ceci ne doit pas être une contrainte pour vous. C'est un moment où vous allez pouvoir découvrir celles et ceux qui composent votre Loge. Il s'agit d'une partie joyeuse du rituel qui sert à échanger avec ses frères et ses sœurs.

Bien évidemment, dans les loges où d'éventuelles rancœurs non déclarées ont plombée la motivation, il est difficile de se retrouver à manger seul dans une ambiance pesante. Mais prenez la chose à rebours. Apportez la fraîcheur de votre regard neuf sur la franc-maçonnerie ! Profitez-en pour aider à servir les convives ! Et n'oubliez jamais que servir c'est prier en actes.

e) Ce que j'amène à chaque tenue : documents et objets utiles

Les jeunes Apprenti(e)s sont souvent surpris du nombre de documents qu'il y a à imprimer ou acheter lorsque l'on devient franc-maçon(ne). Si vous ne les achetez pas, ne négligez d'en imprimer AUCUN et rangez-les idéalement dans ce que l'on nomme des « lutins » qui peuvent contenir jusqu'à 200 vues.

À différents moments, il vous sera demandé de mener vos instructions, ou bien l'ouverture/fermeture, ou bien encore les Règlements Généraux. Ne soyez jamais pris(e) au dépourvu. Ne passez pas pour quelqu'un d'inconséquent ou de débonnaire.

Nous ne sommes plus à l'école. Vous n'êtes plus un(e) enfant. Vous devez pouvoir répondre à toute convocation en apportant les documents nécessaires au travail.

Ainsi, un(e) franc-maçon(ne) averti(e) aura pris soin de trouver un sac, une sacoche, une valise ou un attaché-case dévoué à la franc-maçonnerie. Les anglais préfèrent ainsi les attachés cases spécialement conçus pour la franc-maçonnerie, qui permettent de ranger leur tablier, gants, décorations et éventuellement un rituel et un portefeuille pour le tronc de bienfaisance.

Nous vous recommandons de choisir le contenant de votre choix mais de toujours avoir sur vous en Loge : le rituel d'ouverture/fermeture ; les Instructions par Questions et Réponses de votre grade ; le rituel d'initiation ; les Règlements Généraux de votre obédience; le Règlement Intérieur de votre

Loge ; votre tablier ; deux paires de gants (au cas où l'une d'elle ne serait pas propre) ; des pièces pour le tronc de bienfaisance ; votre chéquier pour les capitations et les banquets ; deux stylos pour régler lesdits chèques (le premier ne fonctionnant jamais…).

Ne souriez pas en lisant ceci. Vous verrez que l'épreuve du temps donne toujours raison aux personnes prévoyantes et consciencieuses.

IV. Qu'attend-on de vous ?

a) Assiduité, curiosité et comportement

Comment fait-on de nouveaux progrès en franc-maçonnerie ? Par l'écoute, la lecture, la prise de note, mais surtout par l'assiduité.

Considérez votre intelligence comme un muscle. Si vous faites du sport, vous savez que de ne pas pratiquer durant une longue période annihile tous les efforts effectués précédemment et rend toute progression impossible. Soyez donc toujours présent(e) en Loge, mais aussi en Loge d'Instruction. Rendez-vous le plus possible aux Loges d'Étude et de Recherche, et inscrivez-vous dans les programmes de formations telles que les Académies de votre obédience s'il en existe. Nous sommes des francs-maçons dits : spéculatifs. Notre travail s'apprécie donc à notre assiduité, aux travaux que nous livrons à la Loge, à notre participation à la bonne marche de la Loge et aux questions que nous nous posons sur la franc-maçonnerie.

Soyez curieux ! Dans la vie profane c'est un défaut. Dans la vie maçonnique, c'est une qualité ! Posez donc toutes les questions que vous désirez à un frère ou une sœur, et s'il n'est pas en mesure de vous répondre, il ou elle se doit de vous indiquer qui peut l'être.

Enfin, soyez toujours dans le respect de celles et ceux qui vous précèdent. Et s'ils possèdent des défauts, observez-les afin de ne pas en être victime à votre tour. C'est aussi cela le travail maçonnique sur soi...

b) Comment je m'habille

Lors de votre initiation, vous avez reçu un « insigne » de votre qualité de maçon. C'est votre tablier. Les anglais parlent de « badge ». Lisez les odes d'ouverture et de fermeture. Vous comprendrez.

Votre tablier témoigne que vous êtes franc-maçon(ne). Prenez-en donc grand soin.

Vous avez donc votre tablier en tenue. Prenez vos gants également.

Toujours deux paires et, par pitié, lavez-les régulièrement ! Rien n'est moins dégradant que de voir le peu de soin que certain(e)s franc-maçon(ne)s apportent à leurs gants !

Jaune n'est pas une couleur acceptable pour des gants maçonniques. Notez-le.

Pour ce qui est de votre tenue, chaque loge décide de ce qui est le mieux pour sa Loge. Toutefois, il est convenable de penser que, pour les hommes un pantalon noir, une chemise blanche, une veste noire et une cravate (ou nœud papillon si la tenue se déroule en soirée) sont de bonnes mœurs.

Pour les femmes, pantalon noir, chemisier blanc et veste noire peuvent être acceptables. L'égalité et le respect entre hommes et femmes commence toujours par l'équité.

c) Travail en Loge, au dehors et proposer un profane

Vous avez été reçu(e) franc-maçon(ne). Félicitations ! Vous avez reçu vos rituels, vos Instructions par Questions et Réponses, et en les lisant, vous avez eu des fulgurances, des réflexions, de l'enrichissement personnel. Félicitations ! Notez tout.

Et maintenant ? Vous qu'allez-vous en faire ?

La franc-maçonnerie recrute des personnes bonnes, et essaie d'en faire des personnes meilleures. Mais pour quoi faire ? Dans quelle utilité ?

Pour répondre à cette question, ayez conscience d'une chose : en étant initié(e), vous n'allez pas révolutionner le monde.

Vous n'allez pas accomplir ou écrire des choses exceptionnelles juste parce que vous êtes devenu(e) franc-maçon(ne).

Non.

Mais vous pouvez vous améliorer. Éviter de tomber dans les pièges de la facilité qu'offrent le monde profane. Éviter de tomber dans la colère, l'intolérance, le mépris, l'orgueil, le cynisme...

Vous le découvrirez d'ailleurs, l'initiation est un chemin que vous arpenterez toute votre vie, et toute votre vie vous serez tenté(e) de céder à la facilité. Et toute votre vie la franc-maçonnerie sera là pour vous donner les outils afin de devenir différent. Ni moins bon ni meilleur(e) qu'un(e) autre.

Juste meilleur(e) par rapport à votre ancien vous.

Vous le découvrirez également, la pratique de la franc-maçonnerie implique de trouver un équilibre entre vie familiale, vie professionnelle et vie maçonnique. La franc-maçonnerie ne doit jamais être la priorité. Elle est en enrichissement personnel, mais vos obligations vous mènent d'abord vers votre famille et les moyens de subvenir aux besoins de votre famille.

Alors, bien sûr, vous verrez des frères et des sœurs amener certains de leurs amis à la franc-maçonnerie. Et vous serez amené(e) à vous poser la question de savoir si, vous aussi vous pourriez inviter certaines personnes de votre entourage afin de partager avec eux les bienfaits intellectuels de votre initiation. Mais, encore une fois, soyez prudent(e).

Avant d'inviter qui que ce soit à vous rejoindre, il vous faut vous poser quelques questions sur sa personne : Est-ce que je connais vraiment bien cette personne ? Est-ce que cette personne apprécierait la franc-maçonnerie que je pratique dans ma Loge ? Est-ce que je saurais expliquer ce qu'est la franc-maçonnerie en deux ou trois phrases à cette personne ? Est-ce que cette personne est intègre, honnête, bienveillante et tolérante ? Quelles seraient ses motivations à venir ? Est-il ou elle du genre à perdre rapidement sa motivation ?

Mais également sur sa situation : Est-ce que sa famille pourrait l'empêcher de rentrer en franc-maçonnerie pour X ou Y raison ? Quelles sont ses croyances ? Sera-t-il ou elle gêné(e) de déclarer une croyance en Dieu lors de son initiation ? Serait-il ou elle en mesure d'être disponible deux soirs par mois hors de son foyer ? Est-il ou elle en mesure de s'acquitter de ses cotisations et des frais des agapes ?

Si vous êtes en possession de toutes les réponses à ces questions, rapprochez-vous de votre parrain/marraine, ou de votre Mentor, ou bien d'un Maître. Il ou elle pourra alors écouter vos réponses et vous donner les conseils afin de proposer ce ou cette profane à la Loge. Le Vénérable Maître pourra alors le ou la rencontrer et voir s'il convient de poursuivre plus avant votre demande.

Mais ayez foi en votre guide.

d) L'instruction pour le Passage de Compagnon

Maintenant ! C'est maintenant qu'il vous faut commencer à considérer les Instructions par Questions et Réponses. Oui, maintenant. Car nous venons de vous le signaler, la chose est donc à faire.

Pourquoi ? Et bien parce que, pour passer du 1er au 2e grade, vous serez interrogé(e) par le Vénérable Maître. C'est-à-dire que vous serez debout, face à lui ou elle, et il ou elle vous posera des questions tirées de vos instructions.

Rassurez-vous, la liste est établie à l'avance, et votre Mentor ou votre Secrétaire vous les communiquera lorsque votre temps sera venu. Mais il est essentiel que vous commenciez dès maintenant à vous y familiariser. Sinon votre Apprentissage en par cœur sera compliqué.

e) L'art de répondre aux convocations (du bon usage de la messagerie)

Lorsque vous recevez une convocation, il vous faut signaler votre présence ou votre absence au Secrétaire. Faites-le le plus tôt possible. N'attendez pas la veille ou le jour même pour signaler une absence.

En Franc-Maçonnerie toutefois deux écoles s'affrontent. Il y a ceux qui apprécient de faire « répondre à tous » lorsqu'ils reçoivent un e-mail du Secrétaire de la Loge, parce qu'ils trouvent que c'est agréable d'exprimer son point de vue à tous. Et il y a ceux qui rêvent de tomber sur la première catégorie de maçon(ne)s avec un fort maillet pour leur enfoncer dans le crâne que c'est extrêmement pénible de recevoir 25 e-mails de « Je serai là ! ».

N'oubliez pas que, même en dehors de la Loge, vous êtes un(e) Apprenti(e), et à ce titre, condamné(e) à la réserve la plus bénéfique pour vous ; l'observation. Ainsi, alors même que, désormais, toutes les convocations sont réalisées par l'intranet, si un jour, d'aventure, une convocation d'une autre Loge de la fédération vous était transmise par e-mail, préférez « Répondre » au Secrétaire de cette Loge, en mettant le Mentor en copie. Eux seuls ont besoin de savoir. Eux seuls sont concernés directement et indirectement par votre réponse.

Car pensez aux frères qui font partie de plusieurs Loges, et plusieurs ateliers dits « supérieurs » (ou « additionnels » au rite Anglais). Si chacun faisait « répondre à tous », leurs boites mails seraient rapidement saturées. De plus, bien souvent, et l'auteur de ces mots sait de quoi il parle, lorsque l'on communique avec des frères et sœurs dans un message, nous voulons souvent bien faire et montrer que nous avons tiré les leçons de ce qui nous a été enseigné. Alors, nous ajoutons ce que nous croyons alors être un bon mot, une citation du rituel, un clin d'œil avec une parole dite en Loge.

Le problème est que, comme le disait un président américain célèbre, il vaut mieux se taire et passer pour un idiot, que parler et prouver qu'on l'est. Adoptez donc de la mesure en toute chose, et répondez simplement au Secrétaire ou au Vénérable Maître :

« Mon Très Cher Frère,

Je serai présent à la tenue et au banquet.

Je vous embrasse fraternellement ».

V. Que fait-on en suspension de travaux ?

a) Qu'est-ce qu'une planche ? Un short talk ?

Dans toutes les Loges en France, vous entendrez que les francs-maçons font des planches. À Émulation, ce n'est normalement pas le cas.

Lors des suspensions de travaux, peuvent être réalisés des « short talks » qui peuvent être des lectures d'articles, des comptes rendus de lecture faites par des frères ou des sœurs, ou bien même une chronique sur l'actualité maçonnique anglaise.

Toutefois, pour que vous ne soyez pas surpris(e) si un frère ou une sœur d'un autre rite vous demande conseil, ou bien si un jour vous travaillez à un autre rite (comme le Régime Écossais Rectifié, le Rite Français Moderne Rétabli, le Rite Français Traditionnel, le Rite Écossais Ancien et Accepté, etc.), voici expliqué comment peuvent se faire des planches selon une méthode simple.

Sachez-le, tout d'abord, personne ne fera la planche à votre place. Vous ne pillerez pas Wikipédia ou L'Édifice (site Internet de planches plus ou moins réussies) sans que qui que ce soit s'en aperçoive.

Non, il n'y a pas de recette miracle.

Non, vous n'avez pas le temps d'attendre.

Non, ce n'est pas grave de faire des fautes, il existe un

correcteur orthographique sous Word.

Non, on ne fait pas une planche une semaine avant la tenue.

Non, vous en êtes tout à fait capable ! Vous avez été choisi(e) pour recevoir l'initiation, vous en êtes donc capable ! Alors faites-le ! Dans un temps raisonnable.

N'attendez pas le dernier moment. Ne vous faites pas rappeler à l'ordre.

Maintenant que ces éléments ont été dits, nous allons vous aider. Tout d'abord, pourquoi faites-vous cette planche ?

Les frères et les sœurs qui vont vous écouter ont déjà entendu votre sujet probablement dix fois chacun. Pour autant, ils vous demandent de travailler là-dessus. Mais pourquoi ?

Et bien parce qu'ils attendent quelque chose de vous que vous seul(e) êtes en mesure de leur amener : votre vision du sujet. Pas celle d'un autre. Pas celle d'un livre. Pas celle d'un site internet : votre vision !

Un symbole, c'est la rencontre entre un objet, et la personne qui le regarde. Personne d'autre que vous ne pourra nous dire comment vous considérez votre tablier, vos gants, les Lumières, la Foi, l'Espérance et la Charité, etc.

b) Propositions de plans si un jour vous étiez amené à en faire ailleurs

Ce qui nous amène à la question du plan. Car quel est le frein le plus efficace pour empêcher un(e) franc-maçon(ne) de faire son travail et rédiger les 2-3 pages qui le ou la séparent de la fin de sa planche ?

Le plan.

Malheureusement, il n'y a pas de plan miracle.

Désolé.

Bonne journée !

Toutefois, certains frères et sœurs considèrent qu'il y a une bonne approche pour réaliser une planche personnelle. Tout d'abord, il faut de l'introspection. Sur une planche concernant « le bandeau », commencez par chercher la définition du sujet. Puis essayez de vous demander, dans la vie profane, où est utilisé un bandeau, et pour quoi faire. Évacuez les utilisations triviales ou équivoques. Reprenez votre sérieux, et cherchez.

Ensuite, vos rituels, vous les avez imprimés ou achetés, c'est pour vous en servir. Consultez vos rituels, vos Instructions par Questions et Réponses, et regardez ce qu'il en est dit.

Où trouve-t-on le bandeau dans la cérémonie d'initiation ? Est-il présent dans l'ouverture/fermeture ? Dans les usages de tables ? Et dans Instructions par Questions et Réponses ?

À chaque fois, notez où le sujet apparait, notez-le, et dites pourquoi cela apparait à ce moment-là.

Ensuite, posez-vous la question de savoir en quoi ce symbole vous connecte à la notion de divin. Y a-t-il des évocations dans la Bible où des personnages portent un bandeau ? Indice : Exode 34.33 Pourquoi Moïse met-il un voile ? Quel rapport avec la Lumière ?

Enfin, échangez avec des frères et des sœurs Maîtres. Leurs réponses seront différentes, mais toutes intéressantes. 3 pages plus tard, votre planche est prête. Simplement.

.

c) Les livres de référence et les faux amis

Nous l'avons déjà vu ensemble, il vous faut d'abord explorer votre rituel d'initiation, les Instructions par Questions et Réponses, et l'ouverture/fermeture.

Maintenant, au niveau de la symbolique maçonnique, en tant qu'Apprenti(e), vous avez beaucoup à apprendre, et beaucoup à éviter d'apprendre.

En effet, méfiez-vous (décidemment !). Tout ce que vous allez lire en dehors des documents Émulation ne concerne peut-être pas votre rite !

Au début de ce livre, vous avez dû le remarquer, est inséré une bibliographie. Ceci a été inséré au début, car nous savons qu'à la fin vous ne l'auriez pas lue. Au moins de cette manière, vous y avez au moins jeté un œil distrait.

Retournez-y.

Une fois fait, vous aurez remarqué qu'il existe des livres sur la symbolique, d'autres sur le rite Anglais de style Émulation, d'autres sur l'Histoire de la franc-maçonnerie, et d'autres enfin qui font un peu de tout.

Ne prenez pas pour argent comptant ce que vous lirez. Doutez toujours. Remettez en question. Cherchez. Et amenez dans votre planche ce que vous pensez être juste.

Mais par pitié, NE RECOPIEZ PAS. C'est ridicule.

L'anecdote que vous allez lire ne sera jamais assez narrée. Car elle est vraie. Ainsi, il était une Loge où un frère présentait un travail historique. Un autre frère souhaitait intervenir et avait amené un ouvrage afin de citer sa source.

Le deuxième frère écoutait le travail du premier, et trouva que ce qui était dit lui était familier. Il douta. Puis il sortir de son sac l'ouvrage.

Mot à mot. L'intervenant lisait mot à mot le livre qu'il avait recopié ! Même pas reformulé. Juste recopié.

L'effet fut désastreux pour le deuxième frère. Celui-ci comprit la forfaiture. Il n'en dit mot en tenue. Mais les discussions scandalisées qui eurent lieu en dehors de la Loge font que, dix ans après, vous lisez cette anecdote qui a traversé le temps ! Alors par pitié. Si vous avez un tant soit peu de respect pour vos frères, vos sœurs, et vous-même, ne recopiez pas sottement ! Amenez qui vous êtes. Cela sera beaucoup plus enrichissant pour la Loge !

VI. Que faire et à qui s'adresser quand :

a) J'ai des questions sur les rituels ou sur ma planche

Souvent, lorsque vous lirez un rituel, ou préparerez une planche, il vous arrivera de ne pas comprendre quelque chose. Ce n'est pas un échec. Cela fait partie de votre développement personnel. Tous les frères et toutes les sœurs que vous rencontrerez dans votre vie maçonnique se sont heurtés à des écueils. De la manière dont ils les ont dépassés dépend la compréhension du rite qu'ils en ont retiré.

Pensons-le, dans toutes les obédiences, le meilleur est souhaité pour les frères et les sœurs de chaque atelier. Ainsi, lorsque vous avez la moindre question, allez voir votre Parrain/Marraine. Passez-lui un coup de fil. Un annuaire de la Loge vous a certainement été remis. Contactez également le Mentor ou le Tuileur de la Loge, ou tout autre frère ou sœur Maître. Ils sont là pour cela : vous aider à vous sentir bien dans votre Loge afin que vous puissiez en tirer avantage et plaisir.

De même, lorsque vous vous aurez à préparer ce que l'on nomme un « short talk » et que votre Tuileur et/ou votre Mentor vous aidera à préparer, mettez-vous un impératif : avoir fini deux semaines avant la Tenue. Vous pourrez ainsi proposer votre travail à votre Mentor et bénéficier de ses conseils dans un temps raisonnable pour lui ou elle afin de lire votre travail. Mais également, envoyez-le au VM et à un frère ou une sœur Maître au hasard. Cela vous permettra de créer des liens avec eux, et vous bénéficierez ainsi de points de vue différents qui enrichiront votre vision du sujet.

b) Je dois être absent(e) à une tenue, ou aux banquets

La vie est ainsi faite, nous ne contrôlons pas toujours les évènements qui nous affectent. Un problème de santé soudain, une difficulté familiale ou professionnelle peuvent ainsi vous tenir éloigné(e) de votre Loge (alors que vous aviez tout préparé pour bloquer la date de la tenue dans votre emploi du temps).

Lorsque la situation se présente. Il vous faut en informer la Loge.

Ceci n'est pas pour vous surveiller, mais il s'agit d'une délicatesse qui est du domaine de la simple courtoisie et la marque d'une intention bienveillante envers vos frères et vos sœurs.

Ainsi, si vous ne venez pas. Mais que vous n'expliquez pas les raisons de votre absence. Les frères et les sœurs peuvent s'inquiéter de ne pas vous voir. Ils peuvent aussi se méprendre sur vos intentions et considérer cela comme une défiance envers eux, ou un manque d'intérêt pour votre condition de maçon(ne).

Pour toute absence, n'oubliez donc <u>jamais</u> de prévenir votre Vénérable Maître, et par courtoisie le Secrétaire, car c'est lui ou elle qui prendra note de celle-ci et cela facilitera ainsi son travail. Chose que, parce que vous êtes de bonnes mœurs, vous réaliserez sans contrainte.

c) Je rencontre une difficulté dans ma vie personnelle/professionnelle/financière

Un frère ou une sœur souvent absent(e) en tenue, ou aux banquets, est souvent le signe d'un problème grave. Toutefois, il n'est pas dans la nature de la franc-maçonnerie de deviner les situations personnelles.

Membre respectueux(se) de la Loge, vous aurez à cœur de l'avertir de toute situation qui vous contraindrait à être absent(e) longuement, ou bien qui vous causerait des soucis pour honorer vos obligations financières.

La vie contemporaine et l'allongement de la durée de vie rendent quotidiens les soucis financiers ou de santé que les frères et les sœurs rencontrent. En tel cas, le premier interlocuteur à contacter est l'Aumônier.

Protégée par la discrétion de sa fonction, il ou elle est l'interlocuteur privilégié(e) pour signaler que vous aurez ainsi des difficultés à honorer votre cotisation, ou bien même à rester aux agapes. N'oubliez jamais que les deux premières des priorités pour un(e) franc-maçon(ne) sont de subvenir aux besoins de sa famille et de s'occuper de sa santé.

Si vous souffrez d'une maladie (grave ou non), que vous avez été victime d'un accident, ou bien si l'un de vos proches est dans cette situation, il est essentiel que l'Aumônier en soit avisé. Saisi de votre situation, il ou elle pourra déjà tenter d'en comprendre les détails et entrer en contact avec le Vénérable Maître et le Trésorier. Il s'agit ici d'une sorte de commission de bienfaisance à l'échelle de la Loge qui n'a pas vocation à faire sortir l'information en dehors des trois personnes concernées.

Votre situation sera alors étudiée, et si aide il est possible d'accorder, cela vous sera communiqué. Si conseil peut vous être fourni, ou si un frère ou une sœur de votre atelier peut vous conseiller, il en sera fait de même.

Bien évidemment, cela ne donne droit à aucun « passe-droit » pour des soins médicaux, ou des avantages financiers ou professionnels. Mais il est ainsi arrivé par exemple que des Loges viennent en aide à un frère ou une sœur pour un montant supérieur ou égal au montant de ses cotisations. Ceci lui permettant ainsi d'honorer lesdites cotisations et de rester en règle avec le Trésor.

Autrement, il est déjà arrivé que le montant du banquet d'un frère ou d'une sœur soit pris en charge par la Loge en toute discrétion. Si cela est permis par la Loge, il vous suffira de signaler au frère Intendant que votre paiement a déjà été réalisé, ou bien qu'un de ces trois frères ou sœurs l'a déjà pris en charge.

Étant habituel que certains frères et sœurs prennent en charge les banquets d'un autre frère ou sœur, la discrétion et la confidentialité en seront assurées, et vous n'aurez à expliquer votre situation à personne d'autre.

À l'inverse, ne pas signaler un problème personnel à sa Loge peut parfois causer beaucoup de peine à certains frères ou sœurs, et les amener à penser que vous ne faites pas grand cas de votre engagement maçonnique. Ce qui, nous en sommes certains, ne sera pas le cas.

d) Quelqu'un cherche à savoir mon appartenance maçonnique

Méfiez-vous ! De la Prudence ! À ce grade, comme à tous les autres, il vous est enjoint la plus grande Prudence lorsque qui que ce soit tente de vous serrer la main de manière particulière, ou d'échanger certains Mots avec vous.

Un bon principe à appliquer est de se dire qu'un(e) franc-maçon(ne) se reconnait par ses actes.

Si quelqu'un vous serre la main ainsi avec insistance, ou essaie de vous faire un petit clin d'œil en vous déclarant certaines phrases, laissez faire et laissez dire. Rien ne vous oblige à y répondre. Notamment dans le domaine professionnel.

N'oubliez jamais que les deux seuls vrais SECRETS de la franc-maçonnerie sont : qui en fait partie, et ce qui se passe en Loge.

« Qui en fait partie », parce qu'il n'est pas permis à un frère ou une sœur de révéler à un profane que telle personne ou telle autre est un(e) franc-maçon(ne). Nous vous suggérons d'ailleurs d'éviter également de révéler, même à un frère ou une sœur qu'un(e) tel(le) est franc-maçon(ne) avant d'en avoir obtenu l'autorisation par celui ou celle-ci à le révéler. C'est de la courtoisie. Mais que, toutefois, rien ne vous empêche de déclarer votre appartenance à la franc-maçonnerie, car il n'y a rien de honteux à cela. Bien au contraire.

« Ce qui se passe en Loge », car la surprise qui a été la

vôtre lors de votre initiation restera probablement l'un de vos plus beaux souvenirs de cérémonie. Ne pas révéler ce qui se passe en Loge ou durant une initiation, c'est donc vous assurer que tout cela reste également une surprise pour les futurs profanes.

Également, la plus grande prudence est à accorder face aux « frères la gratouille »[5], qui tentent par tous les moyens de vous serrer la main de manière insistante. Qu'ils soient maçons, ou non.

Il est connu que les francs-maçons se reconnaissent par une poignée de main. Vous rencontrerez donc probablement à un moment de votre vie quelqu'un qui tentera de savoir si vous êtes maçon(ne), sans forcément en être lui-même. Ceci afin d'obtenir un lien fictif avec vous, et des avantages que, même en tant que frère ou que sœur, il ne devrait pas avoir : passation de contrats, obtentions de rendez-vous préférentiels, réductions sur ventes (rien de tout cela ne fait partie des valeurs de la franc-maçonnerie).

Il n'y a rien de honteux à être franc-maçon(ne). Gardez-vous donc ainsi de déshonorer l'insigne qui vous a été remis lors de votre initiation, car lui, ne vous déshonorera jamais.

---

[5] Expression de François Mitterrand.

e) De l'inimitié s'est développée avec un frère ou une sœur

Nous sommes tous frères et sœurs. Mais nos vies, notre culture, nos préférences, nos gouts, peuvent faciliter le tissage des liens entre nous, ou, au contraire, nous éloigner de certains.

Un poncif de la discussion informelle entre francs-maçons est de dire que l'on peut se sentir déçu par des frères ou des sœurs, mais pour autant, vous vous en rendrez compte au fil des années, vous ne vous sentirez jamais déçu par la franc-maçonnerie elle-même.

La chose est vraie, mais des nuances sont à apporter.

Oui, certains frères et certaines sœurs ne se comporteront pas avec vous de la manière qu'il convient.

Oui, des maladresses seront commises. Par eux, mais aussi peut-être par vous.

Oui, vous ne pourrez parfois que regretter la distance qui existe entre vous et certains frères ou certaines sœurs.

Pour autant, il ne tient qu'à vous d'améliorer les choses. Mais cela est souvent difficile à accepter.

Ainsi, parfois, donner de l'espace à un frère ou à une sœur en limitant ses contacts durant un certain temps, lui accorder le droit à l'irritabilité, considérer que même si vous n'êtes pas apprécié(e) pour qui vous êtes, vous le serez pour ce que vous faites et pour la pugnacité que vous démontrerez dans votre travail maçonnique. Parfois donc, cela fait du bien.

Pour eux, comme pour vous.

La Loge se veut être un endroit hors du temps et des contingences matérielles. Un lieu propice à la réflexion à des fins d'amélioration personnelle. Ainsi, vous l'apprendrez par vous-même également, plutôt que d'évaluer le comportement des autres, nous vous conseillons de vous focaliser sur qui vous êtes, et quelle personne vous désirez devenir. Focalisez-vous sur votre travail en Loge, puis au grade de Compagnon et de Maître, sur la préparation aux offices que vous aurez à occuper.

Ne prenez jamais ombrage de la réussite de qui que ce soit. Ne vous offusquez pas que l'on ne vous connaisse pas bien ou que l'on se méprenne sur vos intentions ou qui vous êtes. N'oubliez jamais cet enseignement des Écritures bibliques : « *La* **pierre** *qu'ont* **rejetée** *les bâtisseurs est devenue la* **pierre** *angulaire* ». Gardez cela en tête. Cela vous servira un jour.

Et si, de guerre lasse, ces problèmes avec un frère ou une sœur s'enveniment. Ne soyez jamais à l'initiative de cela. Prenez du recul, et échangez avec votre Mentor et avec votre Aumônier, voire avec votre Vénérable Maître. Vous en recevrez ainsi conseils, assistance et actions correctives pour apaisement.

VII. Annexes 1 : Les chansons que vous devez connaître

Ode d'ouverture[6]

Hail Eternal ! by whose aid
All created things were made:
Heav'n and earth Thy vast design;
Hear us. Architect Divine!

May our work; begun in Thee
Ever blest with order be.
And may we, when labours cease
Part in harmony and peace.

By Thy glorious Majesty,
By the trust we place in Thee
By the badge and mystic sign
Hear us, Architect Divine !

So mote it be

---

[6] www.ouverture.styleemulation.fr

Ode de fermeture[7]

Now the evening shadows closing,
Warn from toil to peaceful rest;
Mystic arts and rites reposing,
Sacred in each faithful breast.

God of Light ! whose love unceasing
Doth to all Thy works extend ;
Crown our Order with Thy blessing
Build, sustain us to the end.

Humbly now we bow before Thee,
Grateful for Thy aid Divine;
Everlasting power and glory,
Mighty Architect be Thine.

So mote it be.

---

[7] www.fermeture.styleemulation.fr

The Entered Apprentice's song[8]

I.

COME, let us prepare,

We Brothers that are

Assembled on merry occasion ;

Let's drink, laugh, and sing ;

Our Wine has a Spring :

Here's a health to an Accepted MASON.

II.

The World is in pain

Our Secrets to gain,

And still let them wonder and gaze on ;

They ne'er can divine

The Word or the Sign

Of a Free and an Accepted MASON.

---

[8] www.easong.styleemulation.fr

III.

'Tis This, and 'tis That,

They cannot tell What,

Why so many GREAT MEN of the Nation

Should Aprons put on,

To make themselves one,

With a Free and an Accepted MASON.

IV.

Great KINGS, DUKES, and LORDS,

Have laid by their Swords,

Our Myst'ry to put a good Grace on,

And ne'er been ashamed

To hear themselves nam'd

With a Free and an Accepted MASON.

V.

Antiquity's Pride,

We have on our side,

And it maketh men just in their Station :

There's nought but what's good

To be understood

By a Free and an Accepted MASON.

VI.

Then join Hand in Hand,

T'each other firm stand,

Let's be merry, and put a bright Face on :

What Mortal can boast

So NOBLE a TOAST,

As a Free and an Accepted MASON?

The Level and the Square[9]

We meet upon the Level, and we part upon the Square,

What words of precious meaning those words Masonic are.

Come let us contemplate them, they are worthy of deep thought,

With the highest and the noblest, and the rarest they are fraught.

CHORUS

We meet upon the Level, we meet upon the Level,

We meet on the Level and part on the Square.

We meet upon the Level, though from every station come:

The rich man from his mansion, and the poor man from his home;

The one must leave his wealth and state outside the Mason's door,

The other finds his true respect upon the checkered floor.

---

[9] www.fermeture.styleemulation.fr

CHORUS

We meet upon the Level, we meet upon the Level,

We meet on the Level and part on the Square.

Hands round, ye brother Masons, form the bright, fraternal chain,

We part upon the Square below, to meet in Heaven again.

O! What words of precious meaning those words Masonic are.

We meet upon the Level and we part upon the Square!

CHORUS

We meet upon the Level, we meet upon the Level,

We meet on the Level and part on the Square.

VIII. Annexes 2 - Conseils de vie maçonnique

La franc-maçonnerie se compose d'un enseignement fixe, et d'un enseignement basé sur l'expérience humaine. Dans ce cadre, il existe certains textes que les franc-maçon(ne)s plus expérimentés connaissent, car ils sont le fruit de l'empirisme. Ces bonnes pratiques sont des conseils de membres plus âgés, toutes obédiences et pays confondus.

Ce sont aussi des avertissements afin que, vous aussi, vous puissiez en profiter. Voici les plus connus reproduits ou traduits pour vous. Lisez-les avec une grande attention. Leurs auteurs sont inconnus, mais chaque ligne de conseil ou de mise en garde est le fruit de l'expérience.

Je suis le gars / I'm the guy

Je suis le gars qui a demandé à rejoindre votre organisation. Je suis le gars qui a payé sa cotisation pour vous rejoindre. Je suis le gars qui s'est tenu debout devant vous et a promis d'être fidèle et loyal.

Je suis le gars qui est venu à vos réunions et à qui personne n'a prêté attention. J'ai essayé à plusieurs reprises d'être amical avec certains des frères, mais ils avaient tous leurs propres frérots à qui ils parlaient et à côté de qui ils s'asseyaient.

Je me suis assis plusieurs fois mais personne n'a fait attention à moi. J'espérais beaucoup que quelqu'un m'aurait demandé de participer à un projet de bienfaisance ou quelque chose du genre, mais personne n'a vu mes efforts quand je me suis porté volontaire.

J'ai raté quelques réunions après vous avoir rejoint parce que j'étais malade et que je ne pouvais pas être là. Personne ne m'a demandé à la réunion suivante où j'avais été. Je suppose que cela importait peu aux autres si j'étais là ou pas.

La réunion d'après, j'ai décidé de rester à la maison et regarder la télévision. La réunion suivante à laquelle j'ai assisté, personne ne m'a demandé où j'étais lors de la dernière réunion.

Vous pourriez dire que je suis un bon gars, un bon père de famille qui occupe un emploi responsable, qui aime sa communauté et son pays.

Tu sais qui je suis ? Je suis le gars qui n'est jamais revenu !

Cela m'amuse quand je repense à la façon dont les dirigeants de l'organisation et les membres discutaient des raisons pour lesquelles l'organisation perdait des membres.

Cela m'amuse maintenant de penser qu'ils ont passé tellement de temps à chercher de nouveaux membres alors que j'étais là tout ce temps.

Tout ce qu'ils devaient faire était de me faire sentir nécessaire, voulu et bienvenu !

Comment tuer votre Loge / How to kill your Lodge

1. Ne venez pas.
2. Quand vous venez, venez en retard.
3. N'acceptez jamais un office. Il vaut mieux rester à l'écart et critiquer.
4. Ne payez pas vos cotisations en avance. Attendez d'en avoir eu pour votre argent, et ensuite attendez un peu plus longtemps encore.
5. Il est bon de dire aux visiteurs les défauts de vos officiers – ils pourraient mettre un long moment à les remarquer eux-mêmes.
6. S'il y a un peu de maçons zélés dans la Loge, dites à tout le monde que ce sont des bons à rien.
7. Soyez en désaccord avec chaque règle et règlement. Faites savoir à tout le monde que vous avez un esprit libre et indépendant.
8. Continuez à parler au frère assis à côté de vous en Loge durant les travaux. Cela forge une bonne complicité.
9. Si un frère a fait quelque chose que vous n'aimez pas, soyez furieux contre toute la Loge.
10. Ne montrez aucune reconnaissance envers le moindre frère qui aide, qu'importe ce qu'il fait.
11. N'honorez pas un frère pour record de longévité, et si on vous demande, dites-juste « La Grande Loge ne fait plus cela désormais ».
12. Ne permettez pas seulement à des bandes de bons à rien de se former – encouragez les en en créant une vous-même.
13. Ridiculisez l'apparence d'un membre qui ne remplit pas les critères de votre idée du dress code.

14. Refusez d'aider, et continuez de refuser jusqu'à ce que les membres quittent la Loge volontairement.
15. Ne prenez aucune fonction maçonnique ; donnez l'impression que tout ce que font les maçons est secret.
16. Ne mettez pas les noms et numéros de téléphone du Vénérable Maître et du Secrétaire sur la porte, ainsi quand un visiteur ou qui que ce soit d'autre voudra contacter quelqu'un de la Loge, ils ne sauront pas qui ou comment contacter un membre.
17. Ne faites pas participer votre Loge dans les activités civiques de votre ville. C'est une chose que les Clubs et les Associations font.
18. Ayez quelque chose d'autre à faire les soirs de Tenues, sautez des réunions de Maître, et quand vous venez en Loge faites savoir aux frères que vous avez laissé tomber.
19. N'amenez jamais de nouveaux membres.
20. Ne venez plus au banquet festif, c'est cher, inutile et l'on y mange mal.

Comment faire grandir et fortifier votre Loge /
How to grow and strenghten your Lodge

- Assistez à autant de réunions et assurez autant de fonctions que possible.
- Venez tôt et restez tard.
- Soutenez et participez.
- Lisez, étudiez, apprenez, creusez, discutez, enseignez, grandissez, améliorez-vous.
- Soyez préparé au par cœur sans le livre, connaissez le rituel et les tâches de 3 offices : apprenez celui au-dessus de vous ; maitrisez celui que vous occupez et la fonction qui vous précède. Enseignez la même manière de faire à tous les officiers.
- Renforcez la chaîne, dédiez-vous à faciliter la vie de chaque officier et membre que vous rencontrerez.
- Vivez la maçonnerie en dehors et à l'intérieur de la Loge 24h sur 24, 7 jours sur 7, 365 jours par an.
- Acceptez un office, prenez un rôle, proposez-vous. Faites de votre mieux !
- Retroussez-vous les manches. Aidez ! Restez humble. Rendez autant que l'on vous a donné.
- Abandonnez tout égo et fierté stupide.
- Invitez et impliquez les candidats et les frères de la même manière. Encouragez-les à s'approprier la Loge et leur cheminement intérieur.
- Évitez la « machine à rumeurs ». Evitez les potins.
- Construisez sur la force des autres. Encouragez la passion et les nouvelles idées.
- Tout le monde sur le pont ! De nombreuses mains rendent le travail moins pénible.

- Ne parlez jamais négativement d'un officier ou d'un membre.
- Payez vos cotisations en avance. Donnez souvent.
- Traitez tout le monde comme s'ils faisaient partie de votre propre famille ; avec la plus haute estime et le plus grand respect.
- Planifiez, entrainez-vous, préparez-vous et persévérez.
- Honorez le passé, préservez les traditions et la culture de la Loge.
- Conduisez les autres par l'exemple. Soyez le changement que vous voulez voir dans la Loge.
- Ne demandez pas ce que la franc-maçonnerie peut faire pour vous ; mais ce que vous pouvez faire pour la franc-maçonnerie.
- Suivez les règles : les Grandes Lumières, le Serment, les Devoirs, les Anciens Devoirs, les anciens landmarks, le code d'honneur, le règlement de la Grande Loge, le règlement intérieur, les cérémonies, les instructions et tous les rituels de la franc-maçonnerie qui se doivent d'être votre guide constant ; votre modus operandi et votre manière de pratiquer les procédures. Si vous êtes en désaccord, étudiez les règles et agissez correctement pour les faire changer de la manière la plus correcte.
- Soyez positif. Ne voyez jamais une situation comme impossible. Acceptez le défi, dépassez chaque obstacle, et produisez des résultats positifs qui profitent à tous.
- Incarnez l'ordre et le décorum. Suivez les protocoles et l'étiquette. Evitez les conversations privées durant les tenues ou les cérémonies.
- Ne lancez jamais de piques et ne commencez jamais de querelles avec n'importe quel membre. Allez vers

lui. Résolvez le problème. Faites amende honorable. Soignez vos plaies. Renforcez le lien.

La réponse d'un franc-maçon / A freemason's response

Les gens qui ne sont PAS impliqués dans la franc-maçonnerie (généralement avec de fortes idées préconçues) me demandent souvent : « Exactement qu'est-ce que c'est la franc-maçonnerie ? ».

Je leur réponds :

En tant qu'individus, nous ne sommes pas un culte, une secte, une tendance, un parti, une clique, un cercle, une faction, un gang, un clan, une troupe, un groupe, une foule.

En tant que fraternité, nous ne sommes pas une institution, une union, une entreprise, une société, un club, une ligue ou une congrégation.

Nos idéaux ne sont pas des dogmes, croyances, croyances, doctrines, politiques, codes, protocoles, règlements, lois, commandements, décrets, décrets, directives, règles, commandements, jugements ou opinions.

Avec un sourire je leur dis alors : ce que nous sommes, c'est un cadre philosophique structuré, un système de valeurs dirigé par la liberté personnelle.

C'est généralement le moment où les bonnes questions commencent à être posées...

Préceptes maçonniques (ou « Code maçonnique ») XIXe siècle

La plus ancienne trace du « Code maçonnique » a été découverte par Jean-Michel Mathonière sur une médaille datée de 1837[10].

Mais en attendant, voici ce qu'il en dit :

« En décembre 1837, une circulaire des évêques de Belgique condamne la franc-maçonnerie. S'estimant calomniés, les Maçons diffusèrent un résumé de leurs principes moraux, les "Préceptes maçonniques", notamment au travers de la frappe d'une médaille. D'un diamètre de 50 mm, elle porte d'un côté l'emblème d'un serpent s'attaquant, inutilement, à une lime — thème repris des fables d'Ésope et de La Fontaine et assimilant la lime à la franc-maçonnerie et le serpent à l'Église —, et de l'autre côté, très finement gravé, le texte de ces préceptes ou "Code maçonnique" dont il semble que ce soit ici la plus ancienne apparition dans le contexte maçonnique. »

Voici le texte original. Les Acronymes ont été développés :

« Adore le Grand Architecte de l'Univers.

Aime ton prochain.

Ne fais point le mal.

---

[10] Son origine est beaucoup plus ancienne et je vous conseille de visionner cette vidéo https://youtu.be/GGYfEdy32TU

Fais du bien.

Laisse parler les hommes.

Le culte le plus agréable au Grand Architecte de l'Univers consiste dans les bonnes mœurs et dans la pratique de toutes les vertus.

Fais donc le bien pour l'amour du bien lui-même.

Tiens toujours ton âme dans un état pur pour paraître dignement devant le Grand Architecte de l'Univers, qui est Dieu.

Aime les bons, plains les faibles, fuis les méchants mais ne hais personne.

Parle sobrement avec les grands, prudemment avec tes égaux, sincèrement avec tes amis, doucement avec les petits, tendrement avec les pauvres.

Ne flatte point ton frère : c'est une trahison. Si ton frère te flatte, crains qu'il ne te corrompe.

Écoute toujours la voix de ta conscience.

Sois le père des pauvre, chaque soupir que ta dureté leur arrachera augmentera le nombre de malédictions qui tomberont sur ta tête.

Respecte l'étranger voyageur, aide-le, sa personne est sacrée pour toi.

Évite les querelles, préviens les insultes, mets toujours la raison de ton côté.

Respecte les femmes, n'abuse jamais de leur faiblesse, et meurs plutôt que de les déshonorer.

Si le Grand Architecte te donne un fils, remercie-le, mais tremble sur le dépôt qu'il te confie ;

Sois pour cet enfant l'image de la Divinité.

Fais que jusqu'à 10 ans il te craigne, que jusqu'à 20 il t'aime, que jusqu'à ta mort il te respecte.

Jusqu'à 10 ans sois son Maître, jusqu'à 20 son père, jusqu'à la mort, son ami.

Pense à lui donner de bons principes plutôt que de belles manières ; qu'il te doive une droiture éclairée, et non pas une frivole élégance.

Fais-le honnête homme plutôt qu'habile homme.

Si tu rougis de ton état, c'est orgueil ; songe que ce n'est pas ta place qui t'honore ou te dégrade, mais la façon dont tu l'exerces.

Lis et profites ; vois et imite ; réfléchis et travaille ; rapporte tout à l'utilité de tes frères ; c'est travailler pour toi-même.

Sois content de tout, partout et avec tout.

Réjouis-toi de la justice, courrouce-toi contre l'iniquité, souffre sans te plaindre.

Ne juge pas légèrement les actions des hommes, ne blâme point et loue encore moins ; c'est au Grand Architecte de l'Univers qui sonde les cœurs à apprécier son ouvrage. ».

Ouverture sur le 2ᵉ grade

Merci d'avoir pris le temps de lire ce livret. Votre chemin maçonnique commence, et avec lui viendront les doutes, les questionnements, mais aussi les joies, les découvertes et le plaisir de passer un moment hors du temps.

En guise de conclusion pour vous faire patienter jusqu'au prochain grade, permettez-nous de vous fournir une anecdote livrée par un frère. Ce frère a été Président du Conseil National de la LNF (ancien nom de la fonction de Grand Maître à la Loge Nationale Française). Il s'agit de Robert Guinot. Celui-ci disait un jour que lorsqu'il était Apprenti, il avait vu des anciens frères courir. Il s'était alors mis à courir à son tour. Et plus il courait, moins il rattrapait ces frères, car ils courraient toujours. Toutefois, petit à petit, les frères devant lui disparaissaient. Mais lui courrait toujours. Il s'est alors détourné, et a remarqué que, derrière lui, des frères s'étaient mis à courir. Et essayaient de le rattraper. Il se dit alors « Je n'ai pas tant couru pour me laisser rattraper ! ». Et il continua de courir.

Nous vous souhaitons donc une bonne course sur votre chemin maçonnique, mais n'oubliez pas que chacun va à sa propre vitesse et que prendre son temps est parfois l'assurance d'assurer un cheminement à une vitesse constante lors d'un marathon.

Soyez réguliers.

Hervé **H. LECOQ**

Guide de Voyage du Compagnon

Message de Bienvenue

Félicitations. Vous venez de faire de nouveaux progrès en franc-maçonnerie.

Dans le livret d'accueil au grade d'Apprenti nous avons vu tellement de choses. Qu'allons-nous pouvoir vous présenter ? Allons-nous vous parler de la Chambre du Milieu ? Fort peu probable tellement l'explication rituélique est déjà conséquente.

Verrons-nous pourquoi les Apprentis sont présents lors des questions donnant accès du 1er au 2e grade ? Fort peu concevable. Il coule d'évidence qu'il s'agit d'une habitude pour permettre aux Apprentis de s'imprégner des questions en les entendant et voyant être posées.

Détaillera-t-on le tableau et les outils du grade ? Assurément non, le rituel et les Instructions sont déjà tellement conséquents à ce sujet qu'il n'y a pas grand-chose à ajouter.

En lieu et place, voyons ensemble de nombreux points qui sont des non-dits de la franc-maçonnerie comme par exemple « *comment présenter son Obédience, son rite et sa Loge* » ou bien évoquer la raison pour laquelle les 5 ordres d'architecture sont étudiés au 2e grade.

Ce grade de Compagnon est en effet le grade que l'on explique le moins. Considérés même par certains comme un grade « *en attendant d'être Maître* ». Or de nombreux points mystérieux y sont présents. A l'exemple de cette habitude lors de l'Installation de frapper sa main, son cœur et son tablier.

Héritage d'une pratique ancienne de salutation du Vénérable Maître en frappant son cœur, son tablier et ses gants, puis fixé en 1827 par le Grand Maître de la Grande Loge Unie d'Angleterre sous la forme du *« Breast, Hand, Badge »* au rythme de la batterie de Compagnon. En tant qu'Apprenti, d'autres points ont dû vous poser souci également, comme les abréviations maçonniques. Nous aurions pu vous les proposer dans le Livret de l'Apprenti, mais, soyons honnêtes : les auriez-vous lues ? Et les auriez-vous utilisées correctement, à savoir avec parcimonie dans vos short talks ou vos communications fraternelles ?

Rien n'est moins sûr.

Toutefois, maintenant que vous êtes Compagnon, et que vous avez trouvé votre place dans la Loge, que vous en reconnaissez les officiers, les colliers et les tabliers, attaquons ensemble ce qui fait la particularité de ce grade : les voyages.

Ce livret, construit sur le modèle d'un guide de voyage, tentera ainsi de vous conseiller sur la meilleure manière de visiter d'autres loges, vous familiariser à d'autres rites et à d'autres pratiques. Vous y trouverez également des éléments de réflexion sur des sujets complexes tels que les Arts et Sciences Libéraux, les ordres d'architectures, et, enfin, vous présentera les différentes Loges des Loges Nationales Françaises Unies selon leur rite et leur typologie.

Alors, pour le temps qui vous sépare de la maîtrise : bon voyage.

Bibliographie : non exhaustive

À lire en priorité :

- Rituel d'Ouverture/fermeture au 2e grade.
- Cérémonie de Passage au 2e grade.
- Instructions par Questions et Réponses du 2e grade.
- Usages de tables du rite Anglais de Style Émulation.

Pour mémoire :
- Règlement Intérieur de votre Loge.
- Règlements Généraux de votre Obédience.

Ouvrages en français

- R. Désaguliers, *Les deux grandes colonnes de la franc-maçonnerie*, Dervy, 2012
- R. Désaguliers, *Les trois grands piliers de la franc-maçonnerie*, Dervy, 2011
- R. Dachez, *L'invention de la franc-maçonnerie - Des Opératifs aux Spéculatifs*, Éditions VÉGA, 2008
- R. Dachez, *La Chambre du Milieu*, Conform édition, 2014
- D. Stevenson, *Les Origines de la franc-maçonnerie - Le siècle écossais 1570-1710*, 1999

Ouvrages en anglais (si non lus au 1er grade)

- *After the second degree* - The Peterborough booklet, Lewis Masonic 1990
- N. Barker Cryer, *I just didn't know that*, Lewis Masonic, 2003
- N. Barker Cryer, *Let me tell you more*, Lewis Masonic, 2010
- N. Barker Cryer, *Did you know this, too*, Lewis Masonic, 2005
- *Graham* Redmann, *Emulation Working Today* et *Masonic Etiquette Today*,
- Andraw Skidmore, *Learning Ritual an easy process*, Lewis Masonic 2012
- Graham Chisnell, *Ritual in mind*, Lewis Masonic, 2010
- Julian Rees, *Tracing board of the Degrees in Freemasonry explained*, Arima Publishing, 2015
- Julian Rees, *Ornement, furniture and Jewels*, Lewis Masonic
- *Freemasonry*, Jeremy Harwood, édition Southwater

Abréviations maçonniques pour comprendre des documents

A	
À la Gloire du Grand Architecte de l'Univers	A∴ L∴ G∴ D∴ G∴ A∴ D∴ L'U∴ ou A la G∴ du G∴ A∴ de l'U∴
Apprenti	A∴ ou App∴
Apprentis	A∴.A∴
Archiviste	Arch∴
Assistant Grand Maître	A∴.G∴ M∴
Atelier	At∴
Aumônier	Aum∴

B	
Bibliothécaire	Bibl∴
Bien-Aimé Frère	B∴ A∴ F∴

C	
Cérémonie(s)	Cér∴
Collège des Officiers	Col∴ d'Off∴
Colonne	Col∴
Colonne d'Harmonie	Col∴ d'Harm∴
Compagnon	Comp∴
Compagnons	C∴.C∴
Compagnon de l'Arc Royal	C∴ A∴.R∴

D	
1er Diacre	1er D.˙.
2e Diacre	2è D.˙.

E	
Élément	Elém.˙.
Élémosinaire	Elémos.˙.
Excellent Maître	E.˙. M.˙.
Expert	Exp.˙.
Expert (Premier)	1er Exp.˙.
Expert (Deuxième)	2e Exp.˙.

F	
Fraternel	Frat.˙.
Fraternelles salutations	Frat.˙. Sal.˙.
Frère	F.˙.
Frères	FF.˙.

G	
Garde Intérieur	G.˙. I.˙.
Grand Maître	G.˙. M.˙.

H	
Harmonie	Harm.˙.

I	
Illustre	Ill.˙.

	L
Loge	L∴ ou ☐

M	
Maître	M∴
Maîtres	M∴M∴
Maître des Cérémonies	M∴ D∴ C∴
Mon Très Cher Frère	M∴ T∴ C∴ F∴
Ma Très Chère Sœur	M∴ T∴ C∴ S∴
Mes Très Chers Frères	M∴M∴ T∴ T∴ C∴C∴ F∴F∴
Mes Très Chères Sœurs	M∴M∴ T∴ T∴ C∴C∴ S∴S∴

O	
Officier	Off∴
Orateur	Orat∴
Orient	Or∴

P	
Profane	Prof∴
Passé Maître	P∴ M∴
Passé Maître Immédiat	P∴ M∴I∴

R	
Rite/Régime Écossais Rectifié	R.˙. E.˙. R.˙.
Respectable	R.˙.
Respectable Loge	R.˙. L.˙.
Rite Écossais Ancien et Accepté	R.˙. E.˙. A.˙. A.˙.
Rite Français Traditionnel	R.˙. F.˙. T.˙.
Rituel	Rit.˙.

S	
Secrétaire	Secr.˙.
Sérénissime	S.˙. (Titre de G.˙. M.˙.)
Sœur	S.˙.
Sœurs	SS.˙.
Surveillant	Surv.˙.
Surveillant (Premier)	1er Surv.˙.
Surveillant (Deuxième)	2e Surv.˙.

T	
Temple	T.˙.
Très Cher Frère	T.˙. C.˙. F.˙.
Très Chers Frères	TT.˙. CC.˙. FF.˙.
Très Excellent Maître	T.˙. E.˙. M.˙.

Très Respectable	T∴ R∴
Très Vénérable (RFT)	**T∴ V∴**
Trésorier	**Trés∴**

V	
Vénérable Maître	V∴ M∴ ou Vén∴ M∴
Vénérable adjoint	V∴ Adj∴ ou Vén∴ adj∴

    Cette liste n'est bien évidemment pas exhaustive, mais a le mérite de vous permettre de comprendre les abréviations les plus usuelles. Si d'autres venaient à se présenter à votre interrogation, n'hésitez pas à vous rapprocher du Mentor de votre Loge afin que cette liste puisse être élargie.

I. Les voyages

a) Le « Grand Tour »

Aussi appelé « Tour du Chevalier », « Junkerfahrt » ou « Cavaliertour » dans la société germanique, le « Grand tour » (en français dans les textes anglais) est une pratique issue du Moyen-âge consistant à visiter un nombre limité de grandes villes à des fins d'apprentissage.

En effet, réalisé par des jeunes gens des plus hautes classes de la société européenne, lors de ce voyage, ceux-ci étaient originellement invités à y séjourner plusieurs semaines ou plusieurs mois pour parfaire leur éducation afin de pouvoir, à leur retour, s'insérer dans la vie mondaine qui s'ouvrait à eux. Pour cela, ils étaient accompagnés d'un tuteur, qui, quelques années auparavant avait, souvent lui-même aussi, pratiqué le voyage, et complétaient ainsi leur propre expérience avec celle de leur accompagnant[11].

« *Ébauché probablement au même moment en Angleterre et dans l'espace allemand, dans les années 1540-1560, avant qu'il ne devienne une pratique plus largement répandue, il a très vite fait l'objet d'une vaste littérature pratique – conseils aux voyageurs, guides de voyages, récits de voyage -, a suscité de vives polémiques concernant son utilité, les bienfaits qu'il dispensait ou les périls qu'il faisait courir à la jeunesse, avant d'entrer, dès la fin du XVIe siècle, dans le*

---

[11] Ariane Devanthéry, « Entre itinéraires et trajets : représentations des déplacements dans les guides de voyage au tournant du XIXe siècle », *In Situ* [En ligne], 15 | 2011, mis en ligne le 13 avril 2011, URL : http://insitu.revues.org/661

vaste champ de la littérature romanesque, dès le XIXe siècle dans celui de l'enquête historique »[12].

Les tracés de ce Grand tour étaient plastiques et tributaires du lieu de départ, contraintes du moment, moyens financiers du voyageur mais aussi de leurs désirs. Ce qui donnait ainsi parfois des itinéraires compliqués, embrassant une partie de l'Europe. Mais, plus ces récits s'accumulaient, plus le processus se démocratisait, et donc plus les élites le boudèrent au profit d'une éducation spécialisée par des grandes écoles. On voit alors à la fin du XVIIIe siècle un abandon des voyages par la jeunesse nobiliaire au profit d'une génération plus âgée et avide d'un tout autre type de découvertes.

Au point de vue maçonnique, le grade de Compagnon est celui où le frère ou la sœur va pouvoir se lancer dans la visite de loges sans requérir la présence d'un Maître. Se confrontant à ses visites, le Compagnon s'enrichit de la rencontre avec d'autres frères et sœurs. Pour que ces voyages aient une importance symbolique et instructive, voici quelques points à considérer.

---

[12] Jean Boutier, *Le " Grand Tour " des élites britanniques dans l'Europe des Lumières : La réinvention permanente des traditions*. Marie-Madeleine Martinet, Francis Conte, Annie Molinié, Jean-Marie Valentin. *Le chemin, la route, la voie. Figures de l'imaginaire occidental à l'époque moderne*, Presses de la Sorbonne, pp. 225-242, 2005 https://halshs.archives-ouvertes.fr/halshs-00010577/document

b) Pérambulations et voyages maçonniques

Lorsque vous avez été initié(e), ou bien lorsque vous avez été « passé(e) » Compagnon, vous avez déambulé dans la Loge.

Dans de nombreux rites, ces passages devant les Surveillants, le Vénérable Maître et tous les frères et sœurs se nomment des « voyages ».

Ces voyages sont évidemment un écho lointain à la tradition nobiliaire du Grand Tour (même si aucun texte ne peut cependant permettre de le prouver de manière formelle).

Au rite Anglais de style Émulation, il n'y a pas de voyages. Il y a des « pérambulations ». Ces passages, conduits par les diacres (le 2e pour l'initiation et le 1er pour le Passage de Compagnon) sont en réalité des présentations des candidats à la Loge, et aux officiers tout autant que des moments d'Instruction.

Ainsi, durant votre Instruction au 1er grade, en relisant la cérémonie d'Initiation, ou bien en Loge d'Instruction, il vous aura été fait mention qu'au début du XVIIIe siècle, les initiations ne se déroulaient pas dans des locaux tels que ceux que vous pourrez visiter ou tels qu'est celui de votre loge.

Les initiations étaient en effet réalisées dans des tavernes, des auberges ou des appartements privés. Au centre de la pièce se tenait donc une table suffisamment grande pour pouvoir accueillir tout autour d'elle les officiers. Le Surveillant de la Loge (plus tard, « les » Surveillants), venait chercher le candidat, et l'amenait au Vénérable afin qu'il paie ce qui était dû pour l'initiation, puis celui-ci prêtait alors serment et était fait Compagnon dans la même soirée (les deux grades étant liés aux origines).

Plus tard, lorsque les Anciens instaurèrent les postes de Diacres, ceux-ci eurent alors la charge de conduire les cérémonies. Une trace de cette tradition se trouve encore dans la cérémonie d'initiation lorsque le 2e Diacre conduit le candidat derrière les Surveillants afin de faire frapper au Candidat sur l'épaule dudit Surveillant. Ceci peut paraitre curieux, sauf à se souvenir de cette époque lointaine où la maçonnerie se pratiquait autour d'une table et, par voie de conséquence, afin de se présenter à un officier attablé, il convenait de lui taper sur l'épaule…

En France, esprit de complication oblige, les pérambulations se transformèrent en moments d'instruction symboliques par le truchement d'une théâtralisation à l'aide d'outils, plus ou moins nombreux, à porter durant ces voyages ou bien par la présentation de personnages dits « illustres »[13].

Cependant, en ce qui concerne le rite Anglais de style Émulation, vous ne pourrez parler de voyages dans la Loge. Le seul « voyage » qui puisse être, à la limite toléré, est celui réalisé lorsque vous effectuez certains pas au-dessus de la planche tracée disposée au sol.

Mais vous le verrez en visitant, nombre de frères et de

---

[13] Parfois fantasmés, tels que les « Grands Initiés » du REAA, et qui n'ont, bien évidemment, jamais eu aucun lien avec la franc-maçonnerie spéculative. Mais ceci pourrait également s'appliquer par extension à tous les personnages bibliques de la franc-maçonnerie.

sœurs vous parleront des « *voyages du Compagnon* » comme étant un trait distinctif universel et dont la présence immuable dans chaque rituel de chaque obédience permet de créer un lien entre les frères et sœurs ayant été initiés et passés.

Vous le saurez désormais, il n'en est rien, et, comme beaucoup de fois, le rite Anglais présente ici une tradition plus originelle qui permet de mieux comprendre les pratiques qui se développèrent à sa suite dans d'autres rites mais qui n'en sont pas moins authentiques et légitimes pour autant.

c) Pourquoi visiter d'autres Loges ?

Vous pouvez aimer votre Loge. Vous pouvez la chérir. La chérir au point de la considérer comme la plus vivante, la plus dynamique, la plus authentique, la plus instruite, la plus fraternelle, la plus admirable qui soit. Mais en réalité vous vous trompez.

Et ceci vous ne le découvrirez qu'en visitant d'autres Loges, d'autres rites, d'autres obédiences. Vous y rencontrerez d'autres frères et d'autres sœurs qui pratiquent une maçonnerie totalement différente de la vôtre, avec des rituels, des cérémonies, des usages totalement différents de ce que vous pratiquez en Loge.

Vous rencontrerez parfois des frères et des sœurs totalement odieux, parfois médisants ou méprisants à votre encontre, ceci allant même à l'encontre de la fraternité.

Mais vous y ferez également connaissance de frères et sœurs fabuleux qui vous redonneront espoir dans l'espèce Humaine si celle-ci vous avait quitté.

Vous vous y ferez peut-être d'ailleurs des ami(e)s, et reviendrez les visiter avec plaisir.

Parfois vous n'y reviendrez jamais, et vous resterez avec le souvenir que vous vous êtes fait de ces instants passés en leur présence. Point.

Mais toujours vous vous enrichirez.

Visiter une autre Loge n'est pas une visite commerciale afin d'étudier la concurrence. En franc-maçonnerie il n'y a aucune concurrence entre les Loges, et ceux qui le pensent n'ont justement rien à faire en franc-maçonnerie.

Visiter une Loge c'est s'enrichir d'une expérience qui vous servira forcément lorsque, Maître, vous aurez à prendre des décisions pour le bien de votre Loge. En visitant d'autres Loges, vous aurez ainsi la chance de regarder par les yeux d'un observateur extérieur le petit microcosme que représente une Loge. Vous apprendrez à détecter au fond des colonnes les frères et sœurs à forte expérience maçonnique, celles et ceux cherchant à se faire remarquer pour leur savoir ou pour leur maitrise du rituel, celles et ceux qui sont présents mais ne savent pas trop pourquoi, celles et ceux qui cherchent juste à faire bien, etc. Et au jour où, vous aussi, vous deviendrez Vénérable Maître, vous aurez acquis une connaissance globale de votre rituel certes, mais aussi du macrocosme dans lequel la Loge évolue, au niveau local, au niveau régional, au sein de votre obédience, au sein des autres obédiences.

N'oubliez pas également, tout ce que vous apprenez vous servira plus tard pour former vous aussi de nouveaux Apprentis lorsque vous deviendrez Parrain ou Marraine. Au plus grand sera votre savoir maçonnique, au plus vite vous pourrez aider vos filleuls à grandir et vous dépasser afin de les enrichir eux, et votre Loge également.

II. Carnet pratique

a) Comment visiter une Loge

Vous êtes Compagnon. Vous êtes majeur, alors allez visiter !

Toutefois, si cela n'a pas déjà été fait alors que vous étiez Apprenti en compagnie de votre Parrain/Marraine, ou d'un Maître de la Loge, vous nous en voyez surpris. Mais partons ici du principe que vous n'avez jamais accompagné un Maître en visite dans un atelier de votre région. Ainsi, si cela n'a jamais été fait, avant de répondre à la question de savoir comment visiter, cherchez d'abord justement à savoir quelles sont les Loges de votre secteur géographique. Pour ce faire, votre Parrain, votre Marraine, le Mentor de votre Loge ou son Secrétaire sont des interlocuteurs privilégiés. N'hésitez pas à les solliciter, puisque ce sont ceux qui auraient dû déjà vous en informer.

Ensuite, et dans un second temps, posez la question de savoir qui ces Loges acceptent Ainsi, une Loge monogenre masculine reconnaitra bien évidemment une sœur en sa qualité de sœur, mais ses travaux n'étant ouverts qu'aux hommes, se verra obligée de lui refuser l'entrée.

Loin de nous la volonté de juger ou de commenter ces choix. Ces choix sont nés de la tradition de chaque Loge, de ses caractères de naissance par exemple, et rien ni personne ne saurait ni ne se devrait de les commenter. Nous sommes tous et toutes des Hommes libres et dans le respect de chacun, nous nous devons de respecter les choix de chaque Loge.

De même un franc-maçon de la GLNF ne pourra visiter qu'une Loge de la GLNF ou bien d'une obédience étrangère reconnue (après consultation du Secrétaire pour que l'autorisation en soit fournie). C'est pourquoi, une fois que vous vous serez assuré(e) pouvoir visiter ces Loges, et que vous serez en possession de ces noms et de leurs numéros, demandez à votre Secrétaire comment recevoir ces convocations. Sur ces convocations, sont renseignées toutes les informations nécessaires à votre visite (localisation de la Loge, éventuels codes d'accès, et numéros de téléphone du Vénérable Maître et de son Secrétaire).

Dans les obédiences hors GLNF, il est d'usage, si vous désirez les visiter, sur le papier, de ne pas avoir besoin de les en avertir. Il vous suffit de vous y présenter muni de votre carte d'identité maçonnique et de vous faire reconnaître auprès du Secrétaire. Vous pourrez y subir un tuilage si aucun frère ou sœur présent ne vous connait.

Toutefois, dans les faits, il est toujours agréable pour un Vénérable Maître ou un Secrétaire de savoir combien de visiteurs seront présents. Nous vous conseillons donc fraternellement d'envoyer un mail et/ou sms à l'un ou à l'autre, ne serait-ce que pour que celui ou celle-ci puisse vous identifier sur son téléphone si vous ne trouvez pas la localisation du temple et que vous désirez les contacter pour obtenir de plus amples informations. Cela se fait.

b) Quelles obédiences visiter et comment visiter une Loge d'une autre obédience

Si vous n'êtes pas membre de la GLNF (ou si vous souhaitez prendre le risque en vivant dangereusement) vous allez visiter une autre obédience. Vous n'êtes donc plus chez vous. Vous évoluerez dans des lieux aux codes qui vous sont probablement inconnus ou tout du moins différents de ce que vous avez pu connaître au sein de votre région dans votre obédience. Il vous faut apprendre certains reflexes afin de découvrir de nouvelles Loges.

Toutefois, la France est probablement le pays possédant le plus d'obédiences et de micro-obédiences. Il faut donc savoir s'y retrouver.

Bien évidemment, afin de découvrir les obédiences avec lesquelles votre obédience possède des droits d'intervisite, vous pourrez vous appuyer sur vos officiers nationaux qui vous signaleront que vous pourrez visiter très probablement (ordre aléatoire de classement) :

En mixité :

- GODF (Grand Orient de France), mais certaines Loges.
- FFDH (Fédération Française LE DROIT HUMAIN).
- LNFU (Loges Nationales Françaises Unies), mais certaines Loges.
- GLMU (Grande Loge Mixte Universelle).
- GLMF (Grande Loge Mixte de France).

- OITAR (Ordre Initiatique et Traditionnel de l'Art Royal).
- GLMM (Grande Loge Mixte de Memphis-Misraïm).
- GLISRU (Grande Loge Indépendante et Souveraine des Rites Unis).
- GLCS (Grande Loge des Cultures et de la Spiritualité).

En monogenre masculin :

- GODF (Grand Orient de France) pour certaines Loges.
- GLDF (Grande Loge de France).
- GL-AMF (Grande Loge de l'Alliance Maçonnique Française).
- GLTF (Grande Loge Traditionnelle de France).
- GLTSO (Grande Loge Traditionnelle et Symbolique Opéra).

En monogenre féminin :

- GLFF (Grande Loge Féminine de France).
- GLFMM (Grande Loge Féminine de Memphis-Misraïm).

En visitant des Loges, vous aurez remarqué qu'il existe à chaque fois un tableau d'affichage se faisant la recension de tous les calendriers de toutes les Loges qui utilisent les locaux. En visite venez donc en avance, et prenez le temps de consulter ce panneau. Vous pourrez y noter les jours de réunion, les contacts mails et téléphoniques ainsi que les sujets des travaux qui vous intéressent. Ceci est un bon départ.

Contactez alors ces frères, ces sœurs, et voyez qui vous répond. Cela peut paraitre surprenant, mais un vénérable ou un secrétaire qui ne recontacte pas un frère ou une sœur qui cherche à obtenir des informations sur sa Loge est souvent l'expression de la pudeur d'une Loge ayant des difficultés.

Pour échanger avec ces Secrétaires ou Vénérables, il vous suffit de dire très simplement qui vous êtes, de quelle obédience vous faites partie, le nom de votre Loge et celui de votre Vénérable Maître.

Sachez-le, à l'heure où nous écrivons ces mots, tout le monde ne connait pas encore toutes les obédiences françaises les plus importantes. Vous risquez même d'obtenir certains haussements de sourcils de frères ou de sœurs n'ayant aucune connaissance de votre obédience. Pas nécessairement par inculture, mais simplement parce que certaines cultivent une discrétion médiatique peu commune.

Ainsi, dans un prochain chapitre, nous verrons ensemble comment expliquer à votre interlocuteur que « oui, votre obédience a bien des traités de reconnaissance et d'intervisites multi obédientiels » et « oui, le vénérable Maître peut faire vérifier auprès de son Secrétariat National ».

c) Bonnes pratiques : prendre la parole et présenter son obédience, sa Loge, son rite et les honorer

Vous êtes Compagnon. Vous pouvez désormais visiter librement et intervenir dans les travaux.

En effet, même si le rite Anglais de style Émulation n'interdit pas la parole aux Apprentis (puisqu'il ne reconnait, pour qui que ce soit, pas de moment pour qu'ils puissent prendre la parole en dehors des suspensions de travaux), les loges continentales non Émulation que vous visiterez porteront un point d'honneur à ce que seuls les Compagnons et les Maîtres puissent intervenir à la suite d'un travail présenté en loge.

En étant Compagnon, vous pouvez donc désormais le faire librement. Mais encore faut-il prendre la parole correctement. Au style Émulation, il vous a été expliqué que l'on ne s'adressait qu'exclusivement au Vénérable Maître. Ainsi, il n'est pas de coutume de répondre directement à une précédente intervention en directement au frère ou à la sœur. Ceci évite d'éventuelles discussions privées discourtoises.

Toutefois, vous le remarquerez, en visitant d'autres obédiences, il est de coutume d'entendre « *Vénérable Maître, et vous tous mes frères (et mes sœurs) en vos rangs, grades et qualités...* » comme formule introductive et « *J'ai dit* » en conclusion.

Si « *J'ai dit* » n'est véritablement pas à prononcer en loge pour un(e) franc-maçon(ne) anglais(e), il peut être de bon ton de concéder la première formule.

Toutefois, il est intéressant de noter, comme l'a fait

remarquer Philippe Michel[14], que l'expression « *Vénérable Maître et vous tous mes frères (et mes sœurs) en vos rangs, grades et qualité* » est une tournure diplomatique qui n'est pas exclusivement maçonnique.

En effet, introduite à la fin du XIXe siècle en France au DROIT HUMAIN, elle se propagea par capillarité (et donc par visites) au sein de la Grande Loge de France, du Grand Orient de France, etc. Et même si d'aucuns pourraient dire qu'il s'agit d'une tradition maçonnique qui est passée dans le langage de la diplomatie, rien ne permet de l'affirmer.

Notons toutefois que lors d'un discours de l'Ambassadeur des États-Unis en République Démocratique du Congo, le texte commençait ainsi : « *Excellence Monsieur le Premier Ministre, Vénérables Sénateurs, Excellence Monsieur le Ministre d'État et Directeur de Cabinet du Chef de l'État, Mesdames et Messieurs les Membres du Gouvernement, Honorables Députés, Mesdames et Messieurs de la Cour Suprême, chers ambassadeurs et collègues des missions diplomatiques et des institutions internationales, Distingués invités en vos rangs, grades et qualités, chers compatriotes américain*s. »[15]

Prenez donc le conformisme de la tournure pour vôtre, et ainsi, au moment où la parole vous est donnée, levez-vous, faites le pas, le signe et dites : « *Vénérable Maître et vous tous mes frères (et mes sœurs) en vos rangs, grades et qualité.* »

Également, avant d'intervenir, souvenez-vous

---

[14] http://pmbordeaux.over-blog.com/2018/07/en-vos-grades-et-qualites.html
[15] 20 juillet 2017 https://cg.usembassy.gov/fr/ambassadeur-haskell-la-fete-dindependence-americaine/

toujours qu'une bonne intervention dépend de 3 questions :

- Est-ce que la qualité de mon intervention, si je parle, va me faire risquer de regretter d'avoir parlé ?
- Est-ce que, ce que je vais dire, intéressera plus les autres que ce qu'il ne va flatter mon orgueil d'avoir dit une « bonne » réflexion personnelle ?
- Est-ce que mon intervention est structurée ? (1 à 3 points, au maximum, liés entre eux par un connecteur logique).

Si votre intervention ne répond pas à l'un de ces 3 critères, faites-vous un cadeau : gardez le silence.

Cependant, à la fin de la tenue, n'hésitez pas à prendre la parole pour présenter les salutations. En effet, au style Émulation, nous attendons les 3 demandes pour intervenir. Ce n'est pas le cas à d'autres rites.

Si vous n'avez pas l'habitude, n'hésitez pas à demander au Surveillant en début de tenue le moment propice et signaler que vous serez là pour demander la parole.

Si la parole vous est donnée, levez-vous, faites le pas et le signe et dites « *Vénérable Maître, je vous présente les sincères salutation de la Respectable Loge [NOM], qui travaille au rite Anglais de style Émulation, à l'Orient de [VILLE] et de son Vénérable Maître [NOM/PRENOM]* ».

Vous pourrez alors enchainer sur une formule classique exprimant la joie que vous avez eu à assister à ces travaux, le bonheur qui est le vôtre d'avoir entendu le travail du soir, ou d'avoir vu cette cérémonie qui possède de nombreux points communs avec votre rite, tout en ayant des spécificités… Mais je vous laisse le soin d'inventer vous-même une des platitudes que tous et toutes, nous les frères et sœurs Maîtres, nous avons été capables de prononcer un jour de manque d'inspiration.

Et si vous vous trouvez dans une Loge qui ne vous est pas familière, par voie de conséquence, vous visiterez des frères et des sœurs qui ne vous connaissent pas, qui ne connaissent pas votre rite, et qui ne connaissent pas votre obédience.

Voici le genre de conversation que vous pourrez avoir avant ou après la tenue, et le genre de réponses calmes et bienveillantes que vous pourriez donner.

Imaginons ainsi un frère curieux.

Lui, vous désignant : C'est quoi ce tablier ?

Vous : C'est le tablier de Compagnon au rite Anglais de style Émulation.

Lui : Ah oui ! Le « Rite Émulation » ! Et pourquoi il y a des ronds là ?

Vous : Ce sont des rosettes. Il s'agit d'un souvenir du XVIIIe siècle à une époque où l'on relevait un côté ou l'autre du tablier pour signifier son grade.

Lui : Ah bon ? Mais ça date de quand votre rite ?

Vous : La Emulation Lodge of Improvment a été fondée en 1823 pour aider à promouvoir le rite après l'Union entre les Anciens et les Modernes en 1813.

Lui : Mais où est-ce qu'on fait ce rite ? T'es de quelle obédience ?

Vous : Le style Émulation se pratique un peu partout. C'est le rite le plus pratiqué dans le monde pour les grades bleus.

Lui : C'est pas le RE2A ?

Vous : Non, le REAA est le rite le plus pratiqué dans le monde uniquement pour les Hauts Grades.

Lui : Ah bon… Mais t'es de quelle obédience ?

Vous : [NOM].

Lui, avec une petite expression faciale : Connais pas… C'est nouveau ?

Vous : C'est en fait [préparer une phrase présentant votre obédience]

Lui : Mais tu as le droit d'être là ?

Vous : Oui, nous avons des accords d'intervisites avec toutes les grandes obédiences de la Franc-Maçonnerie française.

Lui : Et c'est quoi déjà le nom de ton rite ? Émulsion ?

Vous : Émulation. C'est un rite qui est sensé se pratiquer en par cœur, car Émulation signifie le fait de tenter d'égaler ou de surpasser quelqu'un. Ainsi, les frères Maîtres nous forment afin que nous puissions reproduire ce qu'ils font afin de le faire mieux qu'eux, ou au moins aussi bien…

Et là vous pourriez vous dire que le trait est trop gros. Que c'est impossible, et qu'il ne pourrait pas y avoir de frères ou de sœurs pour poser de telles questions.

Pourtant, l'intégralité de ces questions ont été

entendues en visite et compilées ici...

    Prenez donc les bons réflexes, et sachez définir votre rite, votre région, votre obédience, votre loge, etc.

    Et surtout savoir faire la différence entre les moments où vous devriez garder le silence, et les moments où il est de bon ton de partager votre expérience, votre savoir, ou votre ressenti.

III. Comprendre son grade

a) La création du grade de Compagnon : origines, élaboration et explications

Qu'est-ce qu'un Compagnon ? Selon le Littré, le Compagnon est un « *Ouvrier qui a fini son Apprentissage mais n'est pas encore Maître, et travaille encore pour le compte d'un Maître* ».

Le mot « Compagnon » provient en réalité de l'ancien français « *Compaignon* » issu du bas latin « *companionem* », accusatif de « *companio* », composé de « *com* » et « *panis* » (« *pain* »), signifiant « *celui avec qui l'on partage le pain* ». Cet accusatif donnera d'ailleurs « *compain* » que notre langue contemporaine a contracté en « *copain* ».

Ce geste de la fraction du pain n'est pas anodin. Il s'agit d'un geste de communion qui est une des sources de la liturgie eucharistique. Il rappelle le partage du corps du Christ dans la Cène[16], mais aussi fait rappel de la mort de Jésus. Ceci provenant d'une tradition hébraïque, celle de la Pâque juive. Dans celle-ci, l'« afikomane » est une part de pain azyme qui est coupée au début de ce que l'on nomme le « Séder de Pessa'h » et qui est un rappel de l'Exode (début de la liberté des enfants d'Israël). Ce morceau coupé au début du repas est ensuite mangé à la fin, afin que tous se souviennent du gout du pain du repas.

Mais les anglais n'ont pas le même terme pour

---

[16] Évangile selon Saint Luc (Luc 24, 35) et Actes des Apôtres (Actes 2, 42).

désigner un « *Compagnon* ». Ils emploient le mot « *Fellow-Craft* ». Il s'agit d'un terme d'origine écossaise, mais si le « *Fellow* » désigne, de nos jours, un membre d'une société savante par exemple, le mot provient du vieil anglais « fēolaga », lui-même issu du vieux norrois « fēlagi » (« celui qui dépose de l'argent »). Le « Félag » étant le partenaire financier de l'âge Viking qui pouvait venir en aide en cas de besoin.

Quant à « Craft », il désigne ce que l'on nomme « Le Métier », qui est en réalité un mot dérivé du vieil anglais pour désigner la force physique, la capacité artistique (« *cræft* », provenant lui-même du Proto-Germanique « kraftiz »). Par extension, le « Craft » désigne la Franc-maçonnerie dans son ensemble. Ainsi, un « Fellow-Craft » est un « Membre de la Franc-Maçonnerie ».

Mais alors pourquoi ne devient-on membre du Craft qu'au grade de Compagnon ? Et bien, tout simplement, parce que c'était ce qui se faisait jusqu'aux années 1720-1725.

En réalité, la franc-maçonnerie dite du « Rite du Mot du Maçon » était composée de deux grades : Apprenti Entré et Compagnon. En effet, dans la tradition écossaise, un Maître bourgeois prenait un jeune Apprenti et le signalait à la Guilde municipale des Maîtres (« Incorporation »). Cet Apprenti était alors noté pour enregistrement (« Indenture »). Il devenait alors Apprenti-Enregistré (« Indentured Apprentice » ou « Registered Apprentice »).

Au terme de 2 ou 3 ans de travail, il était alors Entré dans la Guilde, à savoir que lui étaient communiqués le « Mot du Maçon » et quelques signes. Puis, entre 10 à 14 ans plus tard, cet Apprenti pouvait espérer accéder au statut de « Fellow-Craft », Compagnon du Métier.

Le Maître comme nous le connaissons actuellement n'existait pas, et en lieu et place, le Maître était en réalité l'accession à un statut social très onéreux qui ne permettait qu'à employer d'autres Apprentis et Compagnons : un employeur[17].

Mais alors, comment est-on passé d'un système à deux grades, à celui à trois ? Tout d'abord, notons que le terme « *grade* » se dit en anglais « *degree* », et que cette terminologie n'apparait qu'en 1730 dans la divulgation de Samuel Prichard.

Rappelons également qu'aux débuts de la maçonnerie spéculative britannique, ces grades qui n'en étaient pas, étaient différents de la structure écossaise. En effet, les premiers maçons spéculatifs qui étaient reçus, l'étaient en tant qu'Apprenti-*Compagnon* et que le *Maître* n'était bien souvent que celui qui avait reçu patente pour établir une Loge. Il possédait ainsi littéralement le droit de faire devenir maçon.

Ce n'est que dans les années 1725-1730 que le grade de Maître se fit véritablement jour, en prélevant certains éléments du grade de Compagnon pour remplir ce nouveau grade de Maître. Provoquant, par voie de conséquence, la nécessité de remplir l'instruction de ce grade d'éléments nouveaux que nous passerons ici pour les voir plus en détail par la suite.

---

[17] Pour plus de détails, lire : Roger DACHEZ, *Hiram et ses frères*, Éditions VÉGA, 2010.

Cette notion de Passage devrait d'ailleurs vous faire demander pourquoi nous utilisons le terme de « Passage » au grade de Compagnon. Rassurez-vous, vous vous poserez la même question au 3ᵉ grade pour le terme « Élévation ».

Il est bien évident que le fait de passer par l'escalier à vis dans la Chambre du milieu est l'explication essentielle. Toute la légende autour des mots de Passage qui est donnée dans l'explication du tableau du 2ᵉ grade vous en donnera une explication convaincante.

Toutefois, la première occurrence d'un terme se référant au Passage, dans la maçonnerie britannique, se situe dans le Graham de 1726 où il est dit[18] :

- « Qu'y avait-il derrière vous ?
- La haine éternelle de la fraternité pour le parjure, si je dévoilais nos secrets sans le consentement d'une loge, à moins que je ne les ai obtenus d'une triple voix, en étant reçu, passé puis élevé (et établi) par 3 Loges différentes et ce, même pas ainsi, à moins d'avoir juré d'être fidèle à nos articles. »[19]

Mais ceci est bien mince pour comprendre d'où vient l'origine de ce mot. C'est pourquoi, la découverte de la première trace d'un « Passage » dans le sens contemporain a été réalisée par Harry Carr[20]. Il cite ainsi une règle instaurée

---

[18] « what was behind you – perjury and hatred of Brotherhood ffor ever if I discover / our Secrets without the consent of a Lodge Except that have obatained a trible / Voice by being entered passed and raised and Conformed by 3 severall Lodges and / not so Except I take theparty sworn to be true to our articles »
[19] Philippe LANGLET, Les Textes fondateurs de la franc-maçonnerie, éditions DERVY, 2006.
[20] Harry CARR, *The freemason at work*, Lewis Masonic Books, 1992

en 1728 par la Lodge Greenock Kilwinning établissant que
« *Que chacun qui doit être reçu Membre de cette loge doive payer dans la Boîte lorsqu'il est entré en tant qu'Apprenti Une livre et dix shillings écossais, douze shillings écossais une fois passé Compagnon du Métier et vingt shillings écossais une fois élevé Maître Maçon, en plus de payer les frais de divertissement de la soirée...* »[21].

On voit donc qu'après la création du grade de Maître (qui n'est pas l'objet de ce guide), et l'élaboration du grade de Compagnon, vidé de son sens alors, la subsistance du Passage par l'escalier à vis pour accéder à la Chambre du Milieu, devient le sens primordial de la fonction de ce grade.

Alors qu'a-t-on injecté ou développé dans ce grade ?

---

p221.
[21] « That each who shall be received Members of this Lodge shall pay into the Box when entered as Apprentices One pound ten shillings Scotts, twelve shillings when passed Fellow-Craft, and twenty shillings Scotts when raised Master Mason, besides paying the expenses of the night's entertainment... »

b) Les Sciences et Arts Libéraux

En étudiant les sources et textes fondateurs de la franc-maçonnerie, vous pourrez être surpris(e) que si le manuscrit Regius ou le Cooke traitent des Arts Libéraux comme les différentes constitutions (Anderson ou Roberts), à part une évocation dans le Dumfries, aucun rituel, catéchisme ou aide-mémoire maçonnique ne parle de ceux-ci avant les années 1730. Ni dans les textes d'origine écossaise, ni dans ceux d'origine britannique.

Alors, pourquoi vous parle-t-on des Arts et Sciences Libéraux et pourquoi vous faut-il arrêter de les ignorer ?

Notre propos ne sera pas ici de traiter la nature des Arts Libéraux, leur organisation en Trivium et Quadrivium ni même vous convaincre de ressortir vos manuels de Grammaire du collège. Une simple recherche internet pourrait vous en instruire. À la place, attardons-nous plutôt sur ce que déclare Le Vénérable Maître lorsque vous avez été revêtu(e) du tablier de Compagnon : « *Vous avez l'obligation de vous adonner à l'étude des Sciences et des Arts libéraux afin d'être capable de mieux remplir vos devoirs de Maçon et d'apprécier les œuvres merveilleuses du Tout-Puissant.* ». Il faut donc considérer ces « arts » sous le prisme de l'interprétation intellectuelle[22].

Bien évidemment, la première chose que fait tout franc-maçon lorsqu'il lui est dit « *vous avez l'obligation* », c'est au mieux de l'oublier, au pire de le négliger. En effet, dans notre

---

[22] Arts libéraux et spiritualité, par Philippe LANGLET
https://www.academia.edu/8407559/Arts_lib%C3%A9raux_et_spiritualit%C3%A9

société contemporaine, la grammaire, l'arithmétique, la musique et la géométrie sont enseignées à l'école. Mais quid de la dialectique, de la rhétorique et de l'astronomie ?

Prenez donc au sérieux ce qui vous a été dit, car ceci participe à votre quête du divin et du développement intellectuel chrétien. Nul n'est en effet obligé de croire à l'astronomie comme enseigné au Moyen-Âge, mais réfléchir sur la création de l'Univers en profitant des derniers enseignements de la Science n'a jamais fait de mal.

C'est pourquoi, sans revenir sur la définition des Arts Libéraux ou leur origine, n'oubliez jamais que lorsqu'un conseil ou une obligation vous est donnée en franc-maçonnerie, le sage considère le conseil et l'étudie, le fat s'en dispense car il prétend savoir.

En l'occurrence, si l'on raconte généralement des banalités ânonnées sur les Arts Libéraux, de nombreux éléments poussent à, à minima, faire quelques recherches. Ainsi, dans la tradition chrétienne telle que formulée par saint Augustin, connaître les Arts Libéraux est une marche préalable à la connaissance de la théologie. Dieu ayant créé la Terre, l'Univers et tout ce qui existe, connaître les Arts Libéraux c'était tenter, à son niveau, de comprendre l'œuvre de Dieu.

« *Être capable de mieux remplir vos devoirs de Maçon et d'apprécier les œuvres merveilleuses du Tout-Puissant* ». Voilà ce que cette phrase veut dire. Vous vous placez sur les chemins de la Vertu et de la Connaissance.

Ceci s'oppose à l'objectif de connaissance antique de ces Arts, qui, à l'époque hellénistique servaient à être en mesure de participer à la vie de la Cité en ayant les outils pour débattre, se défendre en justice mais surtout pour le service militaire.

Mais, naturellement, tout n'est pas si simple. Car si l'Antiquité grecque ou latine distinguait les Arts et les Sciences, le Moyen-Âge oppose, lui, les Arts dit « *Libéraux* » (apanage des hommes libres, dans une société aristocratique) aux Arts dit « *Mécaniques* » ou « *Serviles* » (techniques et métiers indignes des hommes libres et pratiqués par le peuple).

Ces Arts « *mécaniques* » sont une construction mentale qui commence par l'évocation pour la première fois au IXe siècle par Jean Scot Érigène (Johannes Scotus Eriugena) dans son commentaire de l'œuvre de Martianus Capella. Ils sont alors classés en 7 catégories : vestiaria (couture, tissage), agricultura (agriculture), architectura (architecture, maçonnerie), milice et venatoria (guerre et chasse), mercatura (commerce, commerce), coquinaria (cuisine), metallaria (forge, métallurgie).

Ainsi, selon cette conception, la maçonnerie se trouve dans les Arts Serviles… On comprendrait alors la nécessité d'étudier les Arts Libéraux pour sortir de sa condition servile pour atteindre la condition requise d'homme libre. Notons cependant que ces Arts évoluent, et ainsi, Hugues de St Victor soustraie le commerce, l'agriculture et la cuisine et y place la navigation, la médecine et le théâtre, puis Dominicus Gundissalinus les décrit comme étant des applications de la Géométrie.

Ces Arts Serviles ou Mécaniques s'opposent dans l'esprit médiéval aux Arts Libéraux. Or, des théologiens, tels que saint Augustin, mettent des conditions à la liberté que l'étude de ces Arts professent. Notons alors dans sa lettre 101 qu'il écrit : « Qu'y a-t-il en effet à dire aux injustes et aux impies qui se croient libéralement instruits, si ce n'est ce que nous lisons dans les saintes lettres vraiment libérales : « *Si le Fils vous a délivrés, alors véritablement vous serez libres ?* » *Car c'est lui qui nous fait connaître ce que peuvent avoir de libéral les études mêmes qui sont ainsi nommées par les hommes non appelés à cette liberté évangélique. Ces études n'ont de rapport avec la liberté que ce qu'elles ont de rapport avec la vérité ; voilà pourquoi le Fils a dit : « Et la vérité vous délivrera (1).* » *[...] A Dieu ne plaise que nous appelions sciences libérales les vanités et les folies menteuses, les inventions vaines et l'erreur superbe de ces malheureux qui n'ont pas connu, même dans ce qu'ils ont dit de vrai, la grâce de Dieu par Jésus-Christ Notre-Seigneur, la grâce à laquelle seule nous devons d'être délivrés du corps de cette mort* ».

Pour saint Augustin, étudier les Arts et Sciences libéraux ne peut donc se faire qu'en application (et contrôle ?) de la pratique évangélique de ceux-ci par le prisme de la « Vérité » chrétienne. Notons cependant qu'à l'époque de rédaction de saint Augustin, les Arts Libéraux, ne sont pas figés, non plus, en deux cycles (trivium et quadrivium). Ainsi, celui-ci n'en dénote que 6 (au lieu de 7) et ceux-ci ne sont pas les mêmes que ceux usuellement décrits.

Voici pourquoi, selon ceci, s'intéresser par exemple à la dialectique ou à la rhétorique, permet d'avoir des discussions, ou bien des raisonnements contradictoires sur de nombreux sujets, notamment concernant la connaissance de la nature, et donc du divin. Connaitre les arts libéraux est donc lié à la connaissance de la nature, et donc de la Création.

Rien que ça…

c) Les cinq ordres d'architecture grecs et latin

Vous le savez, l'architecture est l'Art, la Science et la technique de la construction, de la restauration, de l'aménagement des édifices.

Au XVIII ès avec la redécouverte de l'Antiquité, un attrait pour l'architecture gréco-romaine se fit donc naturellement jour. Ainsi, dans vos Instructions par Questions et Réponses du deuxième grade, vous sont détaillés ce qui est nommé « les 5 ordres d'architecture ».

Mais qu'est-ce qu'un « Ordre » ? Pour y répondre, voici la définition que donne l'Académie Française : « Chacune des manières caractéristiques dont sont traitées, depuis l'Antiquité, les parties saillantes d'un édifice : colonnes, pilastres, chapiteaux et entablement. On distingue traditionnellement cinq ordres d'architecture : le dorique, l'ionique, le corinthien, le composite et le toscan. *On doit aux Romains l'ordre toscan, qu'ils auraient emprunté aux Étrusques, et l'ordre composite. L'ordre corinthien, orné de feuilles d'acanthe, a un caractère d'élégance et de richesse. La redécouverte des monuments antiques et la traduction en italien du traité de Vitruve (par Vignole et Palladio) ont engendré, à l'époque de la Renaissance italienne, une interprétation très libre des éléments ornementaux spécifiques de chacun des cinq ordres architecturaux. Le « Traité des cinq ordres », de Vignole* (1562). »[23]supprimer le point fnal

Bien évidemment, il n'y a pas dans l'absolu que 5 ordres en architecture. Ainsi, l'Egypte antique connaissait ce qui fut nommé ultérieurement l'Ordre campaniforme, l'Ordre

---

[23] https://academie.atilf.fr/9/consulter/ordre?page=1

hathorique, l'Ordre lotiforme, l'Ordre palmiforme, l'Ordre papyriforme, l'Ordre proto-dorique.

Symboliquement que peut-on en dire ? Tout d'abord, il faut se poser la question de l'utilité d'une colonne et de sa symbolique.

Une colonne, bien évidemment, sert à soutenir un toit. Elle est composée d'une base, d'un fût et d'un chapiteau. Mais toutes les colonnes ne servent pas nécessairement à soutenir ce toit. Ainsi, il peut arriver qu'il y ait plus de colonnes que nécessaire. Ceci se nomme la « stylophilie ».

Ces colonnes ont à leur sommet, nous l'avons vu, des chapiteaux. Mais outre leur côté esthétique, il faut concevoir que, par exemple dans l'Egypte antique, une colonne était un arbre ou un faisceau de roseaux sur laquelle une histoire était contée, et que le chapiteau était son branchage. Ainsi, l'ordre palmiforme est en forme de feuilles de palme, le lotiforme en forme de lotus, le papyriforme une fleur de papyrus…

Ces colonnes égyptiennes furent-elle à l'origine des ordres gréco-romains ? Nulle trace en ce sens n'existe. Ils auraient ainsi tout aussi bien pu être à l'origine le dérivé d'une tradition des constructeurs de bâtiments en bois lorsque ceux-ci n'utilisaient pas de clous par exemple. Le mystère est donc entier.

Toutefois, à la suite de ce qui avait été initié déjà à la Renaissance, les ordres d'architecture grecs sont redécouverts[24]

---

[24] *Traité des cinq ordres d'architecture desquels se sont servi les anciens. Traduit du Palladio. Augmenté de nouvelles inventions pour l'art de bien bâtir par le Sr LE MUET.* **À Paris chez F. Langlois dit Chartres, Marchand libraire, rue Saint-Jacques, aux colonnes**

à l'époque des Lumières. Et, s'il n'y a, certes, pas que les colonnes qui caractérisent les ordres, celles-ci les définissent facilement.

Ainsi, le plus ancien ordre grec est le Dorique (VIIe siècle av. J.-C.). La colonne n'a pas de base, son fût qui va se rétrécir jusqu'au chapiteau est composé de cannelures, et ledit chapiteau est une dalle carrée sur un disque de pierre. La colonne Ionique (VIe siècle av. J.-C.) a une base circulaire moulurée avec un chapiteau à deux volutes et son fût est plus fin. Quant à la colonne Corinthienne a un fût encore plus fin, une base en escalier et un chapiteau est un ensemble de volutes et de feuilles d'acanthe. Et voici tout ce qu'il est possible d'en dire historiquement et symboliquement parlant.

Car rien ne vient corroborer la moindre interprétation symbolique de ces colonnes. Aucun document manuscrit gravé dans la pierre, ni même écrit sur supports papiers ou cuir. Tout est de l'interprétation.

Tout ce que nous connaissons donc de la symbolique des ordres d'architecture n'est dû qu'à une réinterprétation débutée à la Renaissance et que l'on pourrait nommer une « spéculation vitruvienne »[25].

---

d'Hercule, proche le Lion d'argent. Avec privilège du roi. 1645.
http://architectura.cesr.univ-tours.fr/Traite/Textes/LES646.pdf
[25] GROS, Pierre, *La sémantique des ordres à la fin de l'époque hellénistique et au début de l'Empire. Remarques préliminaires : Splendida civitas nostra. Studi archeologici in onore di A. Frova, a cura di G. Cavalieri Manasse ed E. Roffia*, Rome, 1995, p. 23-33 In : *Vitruve et la tradition des traités d'architecture : Fabrica et ratiocinatio* [en ligne]. Rome : Publications de l'École française de Rome, 2006 (généré le 4 mars 2019). Disponible sur Internet :
<http://books.openedition.org/efr/2514>. ISBN : 9782728310289.
DOI : 10.4000/books.efr.2514

C'est en effet dans le « *De architectura* » de Vitruve (Ier siècle av. J.-C.) qu'est développé une théorie sur la symbolique des colonnes. Celle des 3 beautés : beauté de l'homme (Dorique, de la femme (ionique), de la jeune fille (corinthien) : « *Ainsi furent inventés ces deux genres de colonnes : l'un emprunta au corps de l'homme sa noblesse et sa simplicité, l'autre à celui de la femme, sa délicatesse, ses ornements, sa grâce... La troisième, qu'on nomme corinthienne, représente toute la grâce d'une jeune fille, à laquelle un âge plus tendre donne des formes plus déliées, et dont la parure vient encore augmenter la beauté.* »

En dix volumes, Vitruve y détaille de nombreux aspects de la construction à l'usage des architectes romains (de la structuration aux matériaux) qu'ils appliquèrent de manière plus ou moins rigoureuse.

Ayant découvert tous ces éléments, nous pourrions alors nous demander la manière dont ces 5 ordres d'architecture gréco-romains sont arrivés dans nos rituels.

Pour cela, remettons donc les 5 ordres d'architecture dans le contexte régional anglais. Ainsi, à la suite du disciple de Vitruve du XVe siècle Léon Battista Alberti, Palladio publia *Les Quatre Livres de l'architecture* (1570). L'application de ces principes donna un nouveau genre : le Palladianisme.

Mais alors que le baroque prenait son essor en Europe, l'Angleterre prit gout plutôt au style de Palladio par l'intermédiaire de son disciple Inigo Jones pour une courte durée. Car, au gré des changements de lignée, ce n'est qu'à la restauration des Stuart en 1716, que le palladianisme fut redécouvert dans ce que l'on nomme désormais le néo-palladianisme anglais. Ceci eut lieu dans le 1er quart du XVIIIe siècle, au moment de la formation de la Grande Loge de Londres et de Westminster.

Rien de surprenant alors à ce que les ordres d'architecture gréco-romains, qui étaient à la mode au moment de la rédaction des Constitutions d'Anderson. On peut ainsi le voir dans les Constitutions d'Anderson de 1723[26] et dans les Constitutions illustrées de Cole de 1731[27].

---

[26] Document essentiel à lire dans le *Renaissance Traditionnelle* n° 89, Les Ordres d'Architecture. Histoire et Tradition, par Roger Dachez, pp. 38 à 63.
[27] https://williampreston.fmtl.fr/travaux/2014-frontispice-des-constitutions-de-cole

Figure 5 Frontispice des Constitutions d'Anderson de 1723. Les ordres sont représentés par 4 colonnes (2 à droite, 2 à gauche) en direction d'un point de fuite central.

Figure 6 Seconde édition des Constitutions illustrées de Cole de 1731

d) L'escalier à vis et la Chambre du Milieu

Un des moments qui ont dû vous surprendre lors de votre cérémonie de Passage est incontestablement celui de la manière d'avancer de l'Ouest à l'Est.

Lié à la réception du salaire dans la Chambre du Milieu dans la légende maçonnique développée par le tableau de Loge, l'escalier à vis trouve son origine plus ou moins lointaine dans 3 passages de la Bible.

Mais, tout d'abord, pour le comprendre, il convient déjà de réaliser que le "temple" du Roi Salomon est en réalité la "maison" de l'Éternel. Il est donc naturel que s'y trouvent des "chambres", à savoir des espaces clos de dimension réduite où se tiennent des personnes.

La première référence à ces chambres dans le temple du roi Salomon se fait au 1er Livre des Rois, Chapitre 6, Verset 8 : « *L'entrée des chambres de l'étage inférieur était au côté droit de la maison ; on montait à l'étage du milieu par un escalier tournant, et de l'étage du milieu au troisième.* ».

La seconde vient dans les Chroniques, au Livre II, Chapitre 3, Versets 8-9 sans toutefois citer cet escalier : « *Il fit la maison du lieu très saint ; elle avait vingt coudées de longueur répondant à la largeur de la maison, et vingt coudées de largeur. Il la couvrit d'or pur, pour une valeur de six cents talents ; et le poids de l'or pour les clous montait à cinquante sicles. Il couvrit aussi d'or les chambres hautes.* ».

Enfin, dans Ézéchiel, Chapitre 41, verset 6 : « *Les chambres latérales étaient les unes à côté des autres, au nombre de trente, et il y avait trois étages ; elles entraient dans un mur construit pour ces chambres tout autour de la maison, elles y étaient appuyées sans entrer dans le mur même de la maison.* ».

Toute l'interprétation déroulée durant la cérémonie ne fait ainsi partie que de la légende maçonnique dont la 1re occurrence apparait en 1730 dans le « Masonry Dissected » (La Maçonnerie disséquée) de Samuel Prichard :

Q. - Comment êtes-vous parvenu à la Chambre du milieu ?

R. - Par une Paire d'Escaliers tournants.

Q. - De combien [de marches] ?

R. - Sept ou plus.

Q. - Pourquoi Sept ou plus ?

R. - Parce que Sept ou plus font une Loge Juste et Parfaite[28].

Ni dans les quatre premiers textes écossais, ni même dans toutes les autres divulgations antérieures à 1730 cet escalier tournant n'apparait. Rien non plus dans les premiers textes écossais ni même dans le Wilkinson ou le Sloane.

Les premiers récits détaillés apparaissent ainsi en France.

---

[28] Q107 How came you to the middle Chamber? A. By a winding Pair of Stairs.
Q108 How many? A. Seven or more.
Q109 Why Seven or more? A. Because Seven or more makes a Just and Perfect Lodge.

Tout d'abord en 1744 dans *Le Parfait Maçon*, mais à la section concernant la "Réception des Maîtres" : « *Pendant cet intervalle, on substitue la seconde toile où est dessinée espèce de temple qu'on dit être celui de Salomon ; outre le grand portail qui est placé à l'occident, il doit y avoir deux portes plus basses du côté de l'orient, et entre ces deux portes, un escalier pratiqué dans l'épaisseur du mur pour monter à trente chambres distribuées à l'entour du temple en forme de galeries.* ».

Puis en 1745 dans *Le Sceau Rompu* :

« *D. Avez-vous reçu des gages ?*

R. Oüi, Vénérable, dans la chambre du milieu.

D. Par où y êtes-vous parvenu ?

R. Par un escalier fait en forme de vis, qui se monte par 3, 5 & 7.

D. Pourquoi ?

R. C'est que trois Maçons gouvernent une Loge, cinq la forment, & 7 la rendent juste & parfaite. »

C'est ainsi en 1745, en France qu'apparait la première notion de salaire perçu par la notion de « gages ». La notion est importante car elle justifie tout le déplacement du Compagnon qui se rend dans la Chambre du Milieu : il y va percevoir le salaire de son labeur.

Un sens différent existe dans le seul texte de cette période en langue anglaise. Ainsi en 1758 dans le *The Free Mason Examined* (au grade de « Major »)

Q. Rendez-moi un peu plus compte de cela

R. Le Passage qui menait au Sommet se trouvait à l'Extérieur et comme un Escalier enroulé, d'une très grande Largeur, pour que des Chameaux et des Voitures puissent monter et descendre, et se retourner avec Aise[29].

Cependant attention. Même si cette référence a le mérite d'être la première à indiquer l'expression anglaise « winding staircase », il est à noter que l'incongruité de l'intégralité de cette divulgation ne permet pas de classer ce texte parmi les sources fiables.

On peut ainsi supposer que, dans le jeu de va et vient incessant, entre la France et le Royaume-Uni au niveau des publications maçonniques tel qu'il s'est déroulé au XVIII ès, il est un faisceau d'indices permettant de penser que les bases de la légende symbolique de la Chambre du Milieu comme lieu de réception du salaire maçonnique soit bien d'origine française. Une étude toutefois plus poussée du grade de la Marque (qui ne fait pas l'objet de ce livret) pourrait toutefois être intéressante.

Cependant, si l'on ne considère que les grades d'Apprenti et de Compagnon, il est désormais plus aisé de comprendre la mission du 1er Surveillant qui, dès le grade d'Apprenti va fermer la Loge après s'être assuré que tous les frères et sœurs ont reçu leur salaire.

Espérons, à leur exemple, qu'avec ces explications, vous aurez obtenu le vôtre.

---

[29] Q. Give me a farther Account of it,
A. The Passage that went to the Top was on the Outside, and like a winding Stair-Case, of a very great Breadth, ko that Camels and Carriages might go up and down, and turn with Ease.

IV. Comment mémoriser « par cœur » son rituel : quelques astuces

Est-il possible de mémoriser son rituel sans efforts ?
Non.

Est-il facile d'apprendre « par cœur » les cérémonies ?
Non.

Allez-vous, malgré tout, y arriver en vous donnant juste un petit peu de mal ? Oui ! Bien sûr que oui ! Et nous allons essayer de vous aider.

En effet, lorsqu'un enquêteur prévient un profane qu'au rite Anglais style Émulation il convient d'apprendre et de réciter le rituel, une peur surgit. Une peur profonde, ancienne, liée à l'enfance : celle des poésies, des récitations et des contrôles de l'école.

Mais vous n'êtes plus un enfant. Vous n'avez plus à avoir peur que d'aucuns vous jugent. Vous êtes en franc-maçonnerie et nul ne vous jugera plus sévèrement que vous-même. Faisons alors le deuil de votre enfance, et apprenons ensemble quelques techniques pour vous permettre d'apprendre votre rituel.

La première des techniques est vertueuse : trichez ! Oui ! Trichez !

N'attendez pas qu'un Vénérable Maître vous appelle un beau matin d'été pour vous demander d'être son garde intérieur ou son 2è Diacre dans deux mois. Anticipez !

Dès que possible, dès le grade d'Apprenti, travaillez le rituel en faisant des fiches. Et ce pour chaque poste ! Du Garde Intérieur au Vénérable Maître, en passant par les Diacres et les Surveillants.

Profitez du temps qui est le vôtre avant de devenir Maître. Vous avez minimum 2 années avant de devenir Garde Intérieur, 3 avant de devenir 2e Diacre et d'avoir à assumer une cérémonie d'Initiation. N'ayez pas peur ! Vous allez y arriver. Car, en faisant vos fiches dès à présent, une fois que vous serez devant le fait accompli, il vous suffira de ressortir celles-ci et de les réviser pour faire de la consolidation. Rassurez-vous, nous verrons ensemble comment les réaliser.

Mais avant de vous parler de cela, il vous faut d'abord comprendre les mécanismes de la mémoire tels que connus par la science actuelle[30].

---

[30] https://www.inserm.fr/information-en-sante/dossiers-information/memoire

a) La mémoire : approche scientifique simplifiée

1. Les types de mémoires

Hors cas cliniques, nous possédons tous 5 types de mémoires qui interagissent perpétuellement ensemble :

- Une mémoire à court terme (sorte de « mémoire tampon » d'environ 18 secondes),

- 4 mémoires à moyen et long terme :

o Mémoire épisodique (permettant de se situer dans le temps, relatant les moments personnels vécu)

o Mémoire sémantique (langage, connaissances sur le monde et sur soi). Ce sont des processus conscients explicites.

o Mémoire procédurale (automatismes musculaires, sorte de mémoire du corps). Ce sont des processus inconscients implicites.

o Mémoire perceptive (basée sur l'expérience de nos sens). Il s'agit ici des processus sensoriels implicites.

Toutes ces mémoires sont imbriquées selon une organisation complexe dont la science ne perçoit encore aujourd'hui qu'une partie de leur fonctionnement. Ne retenons que le fait que nos neurones vont se connecter entre elles afin de mémoriser des informations : c'est l'encodage.

L'âge conditionne beaucoup la facilité de mémorisation. On parle ainsi de « plasticité des synapses ». La pratique mémorielle régulière permet de palier à ce manque d'efficacité à encrer des souvenirs sur le long terme. Apprendre votre rituel est donc bon pour votre cerveau ! Bonne nouvelle !

2. L'empan mnésique et l'empan verbal

Quel mot barbare ! L'« empan ». Rassurez-vous, il ne s'agit ici que de parler de votre capacité à mémoriser des groupes d'éléments afin de les restituer. Ainsi, si vous faites une liste de courses :

- Lait
- Beurre
- Viande rouge
- Viande blanche
- Fruits
- Légumes
- Jus de fruits
- Bouteilles d'eau
- Gel douche

L'empan verbal est votre capacité à restituer ces éléments de mémoire dans l'ordre.

Cet empan est généralement de 7 éléments, +2 /-2[31].

C'est-à-dire que vous allez mémoriser peut-être 7

---

[31] Définition du terme « empan mnésique » : *Quantité limitée d'environ 7 (±2) unités d'information pouvant être retenues en mémoire à court terme pour une période restreinte de moins d'une minute. L'information est très vulnérable à l'interférence et à la distraction.*
Source BÉRUBÉ, Louise. *Terminologie de neuropsychologie et de neurologie du comportement*, Montréal, Les Éditions de la Chenelière Inc.,1991, 176 p., p. 10.

éléments, mais d'autres frères et sœurs n'en mémoriseront que 5 quand d'autres iront jusqu'à 9. Toutefois rassurez-vous, ceci n'est absolument pas lié à votre intelligence. Le cerveau est une machinerie complexe qui a besoin d'être stimulée. Ainsi, si dans votre vie de tous les jours vous n'exercez pas à haut niveau votre mémoire, il est naturel que mémoriser soit plus difficile pour vous.

Mais notez tout de même qu'en lisant cette liste, vous avez pu remarquer qu'elle n'était pas si compliquée. La raison en est que les éléments ont été organisés afin que la mémorisation soit plus simple. Ainsi le lait a été mis avec le beurre, la viande rouge avec la viande blanche, etc.

b) Mémoriser son rituel : faire des fiches

1. Prendre des notes utiles

À la base de la mémoire, il y a la capacité à observer, à porter attention aux choses. La mémoire s'entraîne, on parle même de « mémoire artificielle ».

Ce que l'on nomme « L'Art de la Mémoire » n'est en réalité qu'une astuce pour encrer les souvenirs dans le réel. La méthode, décrite dans *De Oratore* de Cicéron est connue[32], il s'agit d'imaginer son esprit comme un palais, et à l'intérieur de ce palais d'imaginer des pièces. Dans chaque pièce il y a des objets, et à chaque objet est associé un souvenir.

Pour bien mémoriser, il vous faut donc encoder vos souvenirs dans un lieu familier. Appliquer chaque élément à un objet de cette pièce, et en vous déplaçant dans la pièce, vous associerez les objets ou les personnes de votre souvenir aux éléments que vous voulez mémoriser.

Ainsi, appliqué à la Loge, il vous faut visualiser la Loge et l'endroit où vous vous tiendrez pour restituer des petits blocs d'éléments : vos répliques. Mais avant de pouvoir faire cela, il vous faut faire des fiches du texte que vous aurez à déclamer, et du lieu où vous vous trouverez.

Prenez votre rituel d'ouverture/fermeture et vos rituels de cérémonies. Commençons par exemple par le rituel d'ouverture au 1er grade, au poste de Garde Intérieur.

---

[32] http://bureau-numero-8.blogspot.com/2013/10/lart-de-la-memoire-par-ciceron-dans-de.html

À l'aide d'un crayon, relisez-le entièrement ! Faites alors une croix, un triangle (qu'importe) à chaque fois que le Garde Intérieur fait quelque chose ou dit quelque chose.

Une fois que ceci est fait, sur ordinateur, ou sur une feuille de papier, notez l'endroit où celui-ci se trouve, s'il se déplace, où il va, ce qu'il fait, le moment où il se met à l'ordre, à qui il s'adresse, etc.

Ainsi, ceci pourrait donner :

1er grade

- À son siège/Attendre son prénom
- Debout/Porte/Batterie/Attendre Tuileur.
- Retour siège/Pas d'ordre/Pas de Signe.
- Au 2e Surv : **Frère/Sœur (prénom) la * est bien couverte**
- …

Pour des raisons évidentes nous ne développerons pas, mais nous pouvons analyser ce passage. Tout d'abord, nous avons mis ici en gras le texte à déclamer. Il s'agit d'une réalisation informatique. Si vous désirez écrire vos notes (et nous vous le recommandons), nous vous conseillons :

- Écrivez votre texte et les notes de présence,
- Scannez tout cela,
- Imprimez,

Surlignez le texte à déclamer en fluo à l'aide de différentes couleurs (exemple : 2e Surv en rose, 1er Surv en bleu et Vénérable Maître en vert.

Figure 7 Exemple d'une page de notes pour un poste de Diacre (avec répartition du texte en séquence par officier). Les déplacements, positions et actions sont en noir. Le texte à déclamer est surligné dans 3 couleurs différentes suivant les officiers à qui le Diacre s'adresse.

141

2. La méthode des Loci appliquée à la Loge : la Loge mémorielle

Le néologisme de « Loge mémorielle » fait référence à ce que l'on nomme le « palais mémoriel » de l'Art de la mémoire tel que décrit par Cicéron.

Pensez ainsi à visualiser votre Loge, le positionnement des différents officiers et le lieu où vous vous trouvez au moment où vous devez déclamer une réplique, et faites autant de petites séquences de texte à déclamer que vous allez avoir à en dire dans la séquence.

Un(e) 2e Diacre ira ainsi séparer sa cérémonie d'Initiation en différentes petites parties qui seront autant de séquences au fur et à mesure de son déplacement dans la Loge (exemple : entrée en Loge, prière, présentation aux Surveillants, présentation au Vénérable Maitre, etc.).

Le secret est, bien entendu : ne prenez pas peur ! D'autres l'ont fait. Vous y arriverez. Vous allez vous préparer à cela par nos efforts réunis.

Dites-vous qu'une cérémonie tient en général sur 3 pages seulement pour un poste de 2e ou de 1er Diacre, alors qu'il s'agit des postes les plus compliqués à assumer du fait de leur impossibilité d'avoir des notes en main lors des cérémonies.

Manipulez donc vos fiches. Maltraitez-les. Comme ces documents auront été scannés, vous pourrez les réimprimer à loisir afin de les manipuler sans crainte de déchirure ou de tâche. Seul le fait de les marquer à la couleur sera alors à refaire.

En tout cas, il est très important de préparer son texte en faisant la séparation entre les répliques à déclamer et les notes de positionnement dans l'espace.

Ces notes doivent ainsi répondre à 4 questions :

- Où dois-je me trouver ?
- À quel moment dois-je agir ?
- Que fais-je à ce moment-là ?
- Que dois-je dire ?

Car lorsque vous serez en situation, les notes que vous aurez effectuées vous reviendront naturellement.

3. Apprendre son texte et le restituer

Voici ce qui fait le plus peur à tout(e) maçon(ne) qui a un office à effectuer : comment faire pour apprendre son texte ?

Nous l'avons vu, une fois les fiches personnelles faites, 70% du travail est réalisé. Il ne peut plus rien vous arriver, vous avez compris ce que vous avez à faire. Il faut maintenant apprendre et consolider.

Rassurez-vous, la première fois que réciterez votre texte, vous ferez des erreurs. Vous aurez des trous de mémoire. Vous butterez sur des mots ou des expressions. Vous vous tromperez dans le geste. Bref, félicitations, vous êtes un être humain.

Mais c'est de votre persévérance que dépendra votre réussite.

Commençons alors par les bases : réciter à l'italienne.

Technique de mémorisation théâtrale, la récitation à l'italienne consiste à apprendre et réciter son texte, et uniquement son texte, à la suite. L'important étant de s'entendre dire les phrases.

Débutez donc par lire à haute voix le texte sans vous arrêter, une fois, deux fois, trois fois, dix fois. Puis, essayez de mémoriser des petites séquences (vous comprenez alors l'importance des couleurs et des séquences par officier).

Par la répétition, vous procéderez à de la consolidation mémorielle, et votre texte aura, sans qu'il ne soit su parfaitement, le parfum du souvenir lorsque vous voudrez vous en rappeler.

Lorsque vous sentirez que cela est suffisant, mettez-vous en situation.

Nul besoin de le faire dans votre Loge. Imaginez juste que vous êtes en Loge. Un Surveillant se mettra à une table, un Diacre se déplacera ainsi dans un grand espace (une chambre, un salon, voire même en forêt). Et refaites tous les gestes que vous avez à accomplir (lever une colonne, tendre une main, se lever, se mettre à l'ordre, etc.).

Maintenant mélangez les deux. Lisez votre texte en faisant les gestes requis. Encore. Et encore. Et encore. Jusqu'à ce que vous n'en puissiez plus.

Mettez alors votre mémoire à l'épreuve avec d'autres frères et sœurs. Comme cela se fait en Loge d'Instruction. Qui au poste de Second Surveillant. Qui au poste de Premier Surveillant, etc.

Enfin, les Anglais utilisent souvent une méthode qui a fait ses preuves : commencez par la fin !

Ainsi, en faisant vos fiches, commencez par apprendre la fermeture. Vous verrez qu'usuellement, il est toujours plus facile de se souvenir de ce que l'on a mémorisé en premier. En apprenant la fin avant le début, vous donnerez l'impression à votre auditoire de devenir de plus en plus à l'aise au fil de la tenue. Ce qui se traduira par le fait que vos hésitations du début seront aisément excusées car interprétées comme une manifestation du trac. Un frère ou une sœur qui restitue son rituel de plus en plus facilement est forcément quelqu'un qui a travaillé. Personne n'ira soupçonner que vous avez simplement commencé par la fin !

Nous espérons en tout cas que cet aide-mémoire vous aura été bénéfique. Si d'ailleurs vous ne trouvez pas cette méthode adaptée à votre capacité de mémorisation : changez-en ! Nul autre que vous ne sera capable de savoir la meilleure méthode pour vous afin que vous mémorisiez votre rituel.

Ouverture sur le 3ᵉ grade

Merci d'avoir pris le temps de lire ce livret. Vous voilà un peu plus éclairé(e) sur les sentiers de la vertu et de la connaissance. Toutefois ceci n'est point fini.

En effet, en tant que futur Maître, vous disposez encore du temps nécessaire pour vous préparer sereinement aux tâches qui vous seront confiées.

Parmi ces tâches, il y a celle de pouvoir vous engager dans la filière menant au Vénéralat.

Vous l'aurez remarqué, un jeune Maître peut être amené à remplacer certains offices lors de tenues ou cérémonies.

Le Compagnon avisé prendra ainsi grand soin de commencer à faire des fiches sur les interventions que doit réaliser un Garde Intérieur lors de l'ouverture et de la fermeture des travaux, mais aussi durant la cérémonie d'Initiation et celle de Passage de Compagnon.

Également, savoir comment procéder à l'ouverture en cortège en tant que 2è Diacre pour des tenues sans cérémonies est une très bonne idée.

Enfin, identifier à quel moment l'Aumônier fait passer le tronc de Bienfaisance lors de l'Initiation ne sera que positif.

Mais, plus que tout, progressez à votre rythme, mais avec constance. Soyez réguliers.

Hervé **H. LECOQ**

Livret d'accueil des Maîtres

Message de bienvenue

Félicitations. Vous êtes devenu(e) Maître.

Enfin !

Vous l'aviez tellement attendu, tellement craint, tellement espéré.

Et bien comme à chaque grade, c'est maintenant que tout commence et vous n'avez pas atteint le sommet de votre évolution personnelle. Mais profitez de la satisfaction d'être considéré(e) désormais comme un membre plein et entier de la Loge.

Car vous faites désormais partie de celles et ceux qui décident, qui s'engagent, qui montrent l'exemple, qui se trompent, qui se corrigent, qui inspirent.

Prenez garde de vous croire supérieur(e) aux autres. Vous ne l'êtes pas.

Vous n'êtes ni supérieur(e) aux autres, ni inférieur(e) à qui que ce soit. Vous êtes juste arrivé(e) à un pallier de votre évolution personnelle qui vous reconnait comme égal(e) à toutes celles et tous ceux que vous côtoyez et qui vous ont précédé.

Gardez-vous du cynisme, de la méchanceté et du jugement de valeur. Vous êtes désormais la somme des enseignements précédents. Vous avez trouvé votre place dans la Loge, avez commencé à travailler sur vous grâce aux outils fournis par l'Instruction et l'assiduité en tenues et pouvez donc permettre d'établir des plans pour votre Loge.

En tant que Maître, comme en tant qu'Apprenti et Compagnon, vous aurez à travailler sur vous par l'intermédiaire des symboles.

Et ceci ne s'arrêtera jamais au cours de votre évolution. Qu'importe les carrières, chapitres et Ordres que vous rejoindrez. Le travail symbolique ne s'arrête jamais.

Jamais.

Apprenez toujours à reconnaître vos faiblesses et travailler sur vos forces.

Amenez ces forces à la Loge. Faites-en profiter celles et ceux qui vous entourent, et commencez à apporter à l'extérieur le fruit de votre amélioration intérieure.

Engagez-vous dans la vie de la Loge. Travaillez vos rituels. Acceptez les offices. Acceptez de remplacer des officiers absents. Participez au développement et à la stabilité de la Loge. Recrutez de nouveaux membres. Faites partager le plaisir que vous avez éprouvé à venir en Loge avec celles et ceux que vous appréciez.

En quelques mots, devenez l'exemple que vous auriez aimé avoir pour vous construire.

Ceci n'est pas pour devenir un donneur de leçon, mais pour devenir ce que vous êtes à l'intérieur de vous. Et vous le comprendrez rapidement, le grade de Maître n'est pas une fin en soi. Il est incomplet. Et ces trous ne pourront être complétés que par la pratique de grades complémentaires tels que celui de Compagnon de l'Arc Royal. Mais ceci sera le sujet d'un autre livret…

Bibliographie non exhaustive

À lire en priorité :

- Cérémonie d'Élévation au 3ᵉ grade.
- Rituel d'Ouverture/fermeture aux 3 grades.
- Instructions par Questions et Réponses du 3ᵉ grade.

Ouvrages en français :

- R. Dachez, *Hiram et ses Frères,* Éditions VÉGA, 2010
- P. LANGLET, *Les textes fondateurs de la franc-maçonnerie,* éditions DERVY
- R. Désaguliers, *Les Pierres de la franc-maçonnerie,* Dervy, 1995
- A. Horne, *Le Temple de Salomon dans la tradition maçonnique,* Le Rocher, 1994
- Herbert F. Inman, *Le Rituel style Émulation expliqué,* traduit de l'anglais par Marie-François Burdin et Michel Piquet, 2017
- Renaissance Traditionnelle n° 180 : *Renaut de Montauban aux origines du mythe d'Hiram*

Ouvrages en anglais à lire ou relire :

- *After the third degree* - The Peterborough booklet, Lewis Masonic 1990
- N. Barker Cryer, *I just didn't know that*, Lewis Masonic, 2003
- N. Barker Cryer, *Let me tell you more*, Lewis Masonic, 2010
- N. Barker Cryer, *Did you know this, too*, Lewis Masonic, 2005
- Graham Redmann, *Emulation Working Today* et *Masonic Etiquette Today*,
- Andraw Skidmore, *Learning Ritual an easy process*, Lewis Masonic 2012
- Graham Chisnell, *Ritual in mind*, Lewis Masonic, 2010
- Julian Rees, *Tracing board of the Degrees in Freemasonry explained*, Arima Publishing, 2015
- Julian Rees, *Ornement, furniture and Jewels*, Lewis Masonic
- *Freemasonry*, Jeremy Harwood, édition Southwater

A relire :

- Règlement Intérieur de votre Loge.
- Règlements Généraux de votre Obédience.
- Usages de tables du rite anglais de Style Émulation.

Introduction : votre nouvelle situation administrative.

Votre situation administrative a changé. Vous êtes devenu(e) Maître. Nous allons pouvoir parler sur un même pied d'égalité. Tous les Maîtres sont égaux.

Mais tous les Maîtres connaissent-ils parfaitement les statuts et règlements de leur obédience ? Ne vous préoccupez pas de cela, et faites-en sorte de devenir un Maître exemplaire.

Ainsi, si vous ne l'avez pas fait vous pas durant votre Apprentissage ou votre Compagnonnage, il va falloir le faire désormais. Car nombre de questions administratives que vous allez rencontrer trouveront leur réponse dans ces documents.

Lisez-les. Prenez des notes dans les marges. Un jour, cela vous servira à comprendre ce que les plus anciens Maîtres racontent et les concepts avec lesquels ils jonglent pour accepter ou refuser une proposition. Mais ne cherchez pas pour autant à devenir le plus pointilleux connaisseur de ces documents, car nombre d'usages de votre Loge n'y sont pas, et sont par exemple détaillés dans votre Règlement Intérieur. C'est pourquoi, voici quelques précisions qui pourraient s'avérer utiles.

Les statuts des frères et des sœurs dépendent de chaque obédience. Peu de choses sont d'ailleurs aussi compliquées à expliquer. Toutefois, généralement, il n'y a que deux statuts principaux : Membre actif, ou Membre inactif.

Les membres actifs sont ceux qui paient une « capitation ». Ils sont dits « titulaires » s'ils sont Maîtres, et

« associés » ou « affiliés » s'ils sont Apprentis ou Compagnons.

Il existe également des membres inactifs. Ceux-ci sont les membres « en sommeil » (qui ne paient plus de cotisation, mais ne peuvent officiellement plus voter ni visiter dans leur Loge ou en dehors), les membres démissionnaires (qui ont souhaité démissionner de l'obédience et n'en font plus du tout partie), ceux qui ont été radiés (qui, pour x raison, ont été rayés des listes des membres et ne peuvent plus s'en prévaloir), les membres décédés, mais aussi les Membres d'Honneur de l'Obédience.

Il s'agit ici d'une décision symbolique qu'une Loge pi une Obédience peut rendre à un frère ou une sœur pour service rendu sur décision de la Conférence de Maîtres ou du Grand Conseil.

Mais ceci n'est pas universel. Chaque obédience possède sa propre organisation, ses propres statuts, et une lecture très attentive des Règlements de votre obédience vous permettra d'avoir le même langage lorsque vous avez à discourir ou à statuer sur l'évolution du statut d'un frère ou d'une sœur.

Espérant que ces précisions administratives auront été suffisantes, commençons le travail.

I. Du symbolisme à ce grade

a) La légende d'Hiram/la symbolique de la Mort : que lire ?

La Maitrise est un grade qui prépare à notre propre mort.

Voilà.

Voilà tout ce que généralement vous pourrez lire sur le grade de Maître dans tous les livres, livrets, fascicules, qui tentent de vous expliquer à grand renforts de pages que, parce que vous êtes devenu Maître, vous êtes désormais prêt(e) à accepter votre propre mort physique et espérer votre renaissance au royaume des cieux.

C'est faux. Ou tout au mieux partiellement inexact. Si seulement tout était si simple…

En effet, rien ne vous préparera jamais à la mort d'un proche. Rien ne vous préparera jamais à votre propre mort. De la même manière que rien ne prépare à la douleur, l'injustice, la faim, la tristesse, la peur ou la colère. Mais la franc-maçonnerie vous offre ici un rappel utile : ne négligez pas de vous y préparer, ne négligez pas d'être le ou la plus prêt(e) possible. Car tout le travail est à faire par vous et pour vous.

Engoncés dans notre quotidien, nos tracas, nos difficultés professionnelles ou familiales, nos ersatz de bonheur que sont la télévision, internet ou nos excès en tout genre (alcool, drogue et autres addictions), nous oublions toujours une chose : nous nous rapprochons inexorablement de notre propre mort. Riches ou pauvres. Heureux ou malheureux.

Vient alors la légende d'Hiram, ou Huram selon les graphies, ou Hiram Abif (selon les passages bibliques cités) et qui est un personnage qui ne correspond absolument pas à ce qu'il nous en est décrit dans la Bible justement. Ce fils d'une veuve est, selon la Bible, un bronzier. Et pourtant il nous est décrit dans tous les rituels comme un Maître d'œuvre, un architecte.

Il s'agit bien évidemment d'une invention des francs-maçons du XVIIIe siècle et plutôt que de vous narrer cette histoire, de manière bien plus médiocre que les spécialistes sur le sujet, je vous enjoins de vous procurer l'ouvrage : *Hiram et ses frères*, de Roger DACHEZ aux éditions VÉGA. Car de ce livre vous pourrez tracer la trame de lectures suivantes.

Ce qu'il faut toutefois retenir de cette légende c'est que chaque décision que nous prenons est importante. Voici pourquoi depuis déjà deux grades la franc-maçonnerie vous exhorte à une exemplarité morale irréprochable : un jour vous rencontrerez votre créateur et vous lui rendrez des comptes. Plus d'excuses. Plus de faux fuyants.

Toutefois, le but de ce grade n'est pas de sauver votre âme par la résurrection symbolique. Ceci serait de la religion. Le but est de vous faire contempler la rapidité de l'existence. Son caractère bref et fragile. Posez-vous la question de savoir ce que vous désirez avoir accompli lorsque votre vie sera terminée, ou bien ce que vous aurez réalisé si votre vie s'arrêtait subitement. Quel souvenir laisserez-vous, et quel exemple aurez-vous été ?

Prenez-le à la légère si vous le désirez. Mais mettez sur la balance le fait que vous avez 50% de chance de vous tromper. Cela en vaut-il la peine ?

En lieu et place, préférez plutôt de vous pencher sur les différents points que la maîtrise vous donne à réfléchir. Commençons ainsi par les 5 points du Compagnonnage.

b) Les 5 points du Compagnonnage : l'obscure survivance opérative ?

Les cinq points du Compagnonnage sont les actions morales maçonniques que vous devez avoir intégré pour les appliquer à la vie réelle. Mais pourquoi parle-t-on de points ?

Dans les plus Anciens Devoirs, tels que le Regius, est inscrit en parlant d'une Assemblée de tous les maçons :
« Fyften artyculus they ther sow(g)ton.
And fyftene poyntys they wro(g)ton.
Hic incipit articulus primus. »
Ce qui pourrait donner en français : « Quinze articles là ils ont cherché. Et quinze points là ils ont travaillé ». Or, dans un dictionnaire anglais de 1720[33], il est expliqué qu'un « point » est « un chef de Matière Première ». La Matière étant ce qui constitue le point de départ de la pensée.

Vous le verrez ainsi à ce grade, la symbolique du point est très importante en franc-maçonnerie, et nous l'évoquerons ensuite. Mais les points du Compagnonnage ne sont ainsi pas simplement des gestes à accomplir, mais des éléments à retenir pour ne pas se perdre moralement. Ils sont illustrés par des symboles que sont les gestes. Il faut donc savoir se concentrer sur le sens des points sans devenir un « symbolico maniaque ».

Regardons ainsi où apparaissent ces points. Tout

---

[33] *The New World of English Words, or, a General Dictionary*, compilé par Edward Philipps.
https://archive.org/details/The_New_World_of_English_Words_Or_A_General_Dictionary

d'abord les premiers sont dans le serment que vous avez passé. Vous les avez jurés « en actes comme en paroles » et votre corps vous aidera à vous en rappeler.

Votre main est un gage de fraternité ; vos pieds vous mènent à travers les dangers et les difficultés pour vous unir à vos frères et sœurs afin de devenir une colonne de défense et d'aide mutuelle ; votre poitrine étant le siège de votre cœur, et de vos secrets, ce sont vos prières quotidiennes qui aideront ce cœur à soutenir sa faiblesse et soulager son indigence.

C'est un beau programme. Mais déjà, rien que ces trois premiers points ont une condition : que cela ne cause préjudice ni à vous ni à vos proches et que votre cœur ne recèle aucun secret lié au meurtre, à la trahison, à la félonie et à tous autres crimes contraires aux lois de Dieu et de l'État.

Nous voyons ici que le mythe du franc-maçon complotant dans de sombres affaires pour protéger ses frères corrompus n'est pas du tout ce que la maçonnerie préconise. Elle le punit même sévèrement du fait même que chaque franc-maçon a juré de ne jamais tomber dans cette ignominie.

Car dans la cérémonie que vous avez vécue, vous avez été « *le représentant de notre Maître* ». En vous relevant, vous avez été tout autant celui que l'on symbolise, que celui que l'on incarne.

Vous passez ainsi par une mort symbolique pour être réunis à vos frères et sœurs en les saluant comme tel, les soutenant dans toutes leurs entreprises louables, se souvenant de leurs besoins, gardant leurs secrets légitimes comme s'ils étaient les vôtres quand ils nous les confieront et défendant leur réputation en leur absence comme en leur présence.

En réalité ces cinq points rappellent que nous devons à nos frères et sœur : amour, affection, responsabilité, unité et respect. 5 points à mémoriser comme un programme de vie.

Mais d'où proviennent-ils ? Est-ce une tradition opérative qui nous a réellement été transmise ?

Ce qu'il faut noter tout d'abord, c'est que l'ordre dans lequel ces cinq points se communiquent a changé à travers les âges. Dans les plus anciens textes écossais, les points ne commençaient pas par la main, mais par le pied. Également, ces points n'étaient pas ceux réalisés de manière gestuelle comme nous le faisons actuellement. Ainsi, dans le *Edinburgh Register House MS* (manuscrit des archives d'Edimbourg de 1696), tout commence par le bas pour remonter progressivement :

Q. "How many points of the fellowship are ther"
A. "fyve viz foot to foot Knee to kn[ee] Heart to Heart, Hand to Hand ear to ear.[34]"

Q. « Combien de points du Compagnonnage y a-t-il ?
R. « Cinq qui sont pied à pied, genou à genou, cœur à cœur, main à main, et oreille à oreille ».

---

[34] *Les Textes fondateurs de la franc-maçonnerie*, Philippe LANGLET, éditions DERVY, 2006.

Toutefois cela varie dans le temps et l'espace. Ainsi dans A Mason's Examination (1723) il n'y en a plus cinq, mais six !

Q. "How many Points be there in Fellowship?"
A. "Six; Foot to Foot; Knee to Knee, Hand to Hand, Ear to Ear, Tongue to Tongue, and Heart to Heart. "

Q. « Combien de points y a-t-il dans le Compagnonnage ? »
R. « Six ; Pied à Pied ; Genou à Genou ; Main à Main ; Oreille à Oreille ; Langue à Langue ; et Cœur à Cœur ».

D'autres textes en font également mention. Mais c'est dans le Masonry Dissected de Prichard de 1730 qu'apparait une structure gestuelle qui devrait vous être plus familière lorsque vous l'aurez vu de nombreuses fois :

Q. "How was Hiram raised?"
A. "As all other Masons are, when they receive the Master's hand."
Q. "How is that?"
A. "By the Five Points of Fellowship."
Q. "What are they?"
A. "Hand to Hand, Foot to Foot, Cheek to Cheek, Knee to Knee, and Hand to Back. "

Q. « Comment Hiram fut-il relevé ?
R. « Comme tous les maçons le sont, quand ils reçoivent la main du Maître »
Q. « Comment se fait-ce ? »
R. « Par les Cinq Points du Compagnonnage, »
Q. « Quels sont-ils ? ».
R. « Main à Main, Pied à Pied, Joue à Joue, Genou à Genou, et Main à Dos ».

Une fois fait, comme l'Edinburg MS le signale, il convient ensuite de faire le signe du Compagnonnage, serrer la main et ainsi le frère sera reconnu comme un véritable maçon.

Cette notion se retrouve ainsi dans le Chetwode Crawley (1700) :

Q18. « Are yow a ffelow-Craft ? »
A. « Yes »
Q.19 : « How many Points of the ffellowship are there ? »
A. « ffive, viz. Ist. Ffoot to ffoot. 2ly Knee to Knee. 3ly Heart to Heart. 4ly. Hand to Hand. 5ly Ear to Ear. These make the Signs of ffellowship ; And Shaking hands, yow will be acknowledge a very Mason.»
Q. 18. Êtes-vous Compagnon du Métier ?
R. Oui
Q. 19 : Combien y a-t-il de points du Compagnonnage ?
R. : cinq, à savoir. 1er Pied à pied. 2e Genou à Genou. 3e Cœur à Cœur. 4e Main à Main. 5e Oreille à Oreille.

Ce sont là les points du Compagnonnage ; Et par une Poignée de mains, vous serez reconnu comme un vrai Maçon. »

Et dans le Kevan Manuscript (1714)

Q. Are you a Fellow Craft	Compagnon du Métier ?
A. Yes.	R. – Oui
Q. How many Poynts of Fellowship are there.	Q. – Combien de Points du Compagnonnage y a-t-il ?
A. 5 : Viz : Foot to Foot, Knee to Knee, Harte to Harte, Hand to Hand, & Ear to Eare, qh make the Signs of Fellowship ; & shake hands, & You wille be Acknowladged to be a true Masone.	R. – 5 : A savoir : Pied à Pied, Genou à Genou, Cœur à Cœur, Main à Main, et Oreille à Oreille, ensuite faites les Signes du Compagnonnage : et secouez les mains, et Vous serez Reconnus comme un vrai Maçon.
Q. – Etes-vous	

Alors nous pourrions nous demander pourquoi parle-t-on de Compagnonnage alors que nous sommes dans une cérémonie d'élévation à la maitrise ? Vous vous souviendrez alors qu'il y a quelques lignes de cela, je vous ai enjoint à faire l'acquisition du livre Hiram et ses frères de Roger DACHEZ. L'explication détaillée s'y trouve, il s'agit tout simplement de la survivance d'une tradition écossaise datant de l'époque où il n'y avait que 2 grades : Apprenti Entré et Compagnon (« Entered Apprentice and Fellowship ». Puis, plus tard, vers l'Angleterre, le grade d'Apprenti fut dédoublé au niveau des mots en J et B, le grade de Compagnon fut dépouillé de son sens, et le grade de Maître reprit cette symbolique des 5 points importants pour tout franc-maçon. Et il faudra attendre les années 1760 pour qu'une symbolique soit attachée aux cinq points du Compagnonnage.

Mas. Brother, it appears you could not have been raised but by the Five Points of Fellowship. Pray explain them.

Ans. Hand in Hand signifies, that I will always put forth my Hand to serve a Brother as far as in my Power lies – Foot to Foot, that I never will be afraid to go a Foot out of my Way to serve a Brother – Knee to Knee, that when I pray, I should not forget my Brother's Welfare, -- Breast to Breast, to show I will keep my Brother's Secrets as my own, -- The Left-Hand supporting the Back, that I will always support a Brother, as far as I can, without being detrimental to my own Family.

Maître. Frère, il semble que vous n'avez pas pu être relevé que par les Cinq points du Compagnonnage.
Expliquez-les je vous prie.
Réponse. Main dans la main signifie que je mettrai toujours ma Main au service d'un Frère dans la limite de mes Capacités - Pied à Pied, que je n'aurai jamais peur de sortir de mon Chemin pour servir un Frère - Genou à Genou que lorsque je prie, je n'oublie pas le Bien-être de mon Frère, - Poitrine contre Poitrine, pour montrer que je garderai les Secrets de mon Frère comme les miens, - La main Gauche soutenant le dos, que j'assisterai toujours un frère , autant que je le puisse, sans nuire à ma propre famille.

c) Un point dans un cercle : survivance d'un symbolisme de la Géométrie euclidienne ?

Parlons alors de cette notion du « point ». Car pourquoi le Centre est « *un point à partir duquel un Maître Maçon ne peut s'égarer* » ?

Le rituel nous dit qu'un Centre est « *un point dans un cercle, placé à égale distance de tous les autres points de la circonférence* ». Tout cela est bien mystérieux. Alors, symboliquement, nous noterons bien évidemment, que si l'on nous parle de point et de circonférence, notre première pensée va vers cette représentation du Grand Architecte de l'Univers que l'on imagine avec son compas ordonnançant le monde.

Nous imaginons ici également la transmission dégradée d'un savoir de Métier opératif dont le sens se serait perdu avec le temps. Ce qui est plus que probable.

Nous pourrions aussi noter que le Maître Hiram fut ré-enterré au plus près du Saint des Saints à trois pieds à partir du centre vers l'Est, trois pieds vers l'Ouest, trois pieds du Nord au Sud et cinq pieds ou plus en profondeur. On pourrait donc penser qu'il s'agisse du centre où Maître Hiram fut enterré. Certes.

Mais souvenez-vous du tableau du 1er grade. Ce point est à l'intérieur d'un cercle, et deux lignes parallèles l'entourent. De là, d'aucuns préciseraient que le point est l'Homme et le cercle les limites de ses devoirs envers Dieu, autour, les deux lignes parallèles représenteraient Moïse et Salomon, ou bien même saint Jean-Baptiste et saint Jean l'Évangéliste (symboles des deux solstices pour les usages d'avant l'Union de 1813). C'est très joli, et encore, ce n'est pas le pire délire symbolico maniaque qui soit. D'autres vont beaucoup plus loin à partir de cela.

Mais que disent les sources ? Bien sûr le Prichard de 1730 en parle, et est d'ailleurs la première référence à ce point à partir duquel un Maître ne pourrait se perdre, mais regardons le *Wilkinson Ms* de 1727 (circa) :

« Q. Have you any Principles
Q. I have
Q. What
A. Point, Line, Superficies & Solid
Definitions in Euclid
A point is y^r wch^l hath no Part
A line is a lenght with^t a breadth
A superficies is y^r wch hath only lenght & breadth
A Solid is y^r wch hath lenghth breadth & Depth

Q. Avez-vous des Principes ?
R. J'en ai
Q. Lesquels ?
R. Le Point, la Ligne, les Superficies & le Solide.
Définitions d'Euclide
Un point est ce qui n'a pas de Partie
Une ligne est une longueur sans largeur.
Une surface est ce qui a seulement une longueur et une largeur.
Un Solide est ce qui a longueur, largeur et Profondeur.

Ainsi, vous voilà revenu(e) aux Instructions du 2e grade. La première explication du « point » serait donc, et assez logiquement à chercher chez Euclide. C'est ainsi la première définition des 23 que composent le livre I des Eléments et qu'il énumère ainsi : « Un point est ce dont la partie est nulle ». Notons ainsi que les définitions du Point, de la Ligne et de la Surface sont elles aussi extraites du Livre I, mais que le Solide n'arrive qu'au livre XI à la définition 1.

Nous sommes donc dans la géométrie Euclidienne.

Un point est donc quelque chose qui n'a pas de partie. Qui ne peut être tranché. Qui ne peut se diluer. Symboliquement, c'est donc la plus petite matière entière et complète qui soit.

Poussons alors plus loin, et revenons à notre point dans un cercle entouré par deux lignes. Pourquoi ce symbole ?

Et bien, peut-être, comme le signale Huw PRITCHARD[35], toujours en restant dans le domaine de la géométrie, « En tirant deux radians du centre du cercle et en les prolongeant jusqu'aux lignes parallèles adjacentes, puis en joignant ces intersections avec une ligne tangentielle au cercle, l'angle résultant au centre sera un angle droit de 90°. »

Il ne s'agit donc rien de moins que de la plus sûre manière de construire un angle droit.

Regardons ainsi comment faire selon la méthode de William Steve Burkle[36] : Sur la figure 2, AB et CD sont deux tangentes parallèles à un cercle ayant un centre 0. Une tangente aléatoire EF avec le point de contact G coupe AB au point H et CD au point I. Commençant par le centre du cercle O, une ligne est tracée reliant O au point H. La ligne est prolongée pour relier le point H au point I et est redirigée vers le centre du cercle, le point O. Cette construction produit un triangle dans lequel l'angle HOI est égal à 90°.

---

[35] *The Winding Staircase*, Huw PRITCHARD, Lewis Masonic, 2014.
[36] http://www.freemasons-freemasonry.com/point_within_circle.html#_edn9

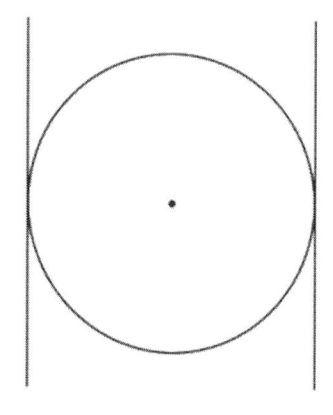

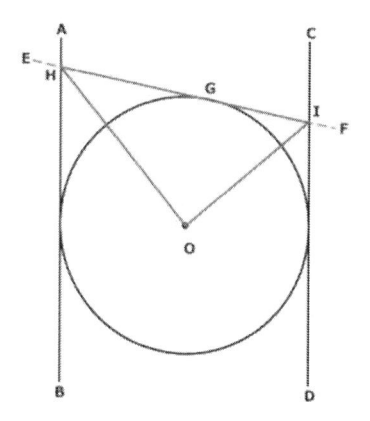

Figure 8 Le Symbole Maçonnique du Point dans un Cercle

Figure 9 Construction d'un triangle rectangle dans un cercle en se servant du centre du cercle et de deux lignes tangentes parallèles.

Ceci n'est bien évidemment qu'un ensemble d'explications, et d'ailleurs l'auteur de cette démonstration géométrique convient très simplement qu'une utilisation d'un théorème de Thalès eut été plus simple. Mais puisque nous ne sommes malheureusement pas des francs-maçons opératifs, mais bien spéculatifs, il s'agit ici d'un bon départ de réflexion.

d) Les Outils dans la vie morale : vivre comme un Maître maçon dans le monde

L'Instruction par Questions et Réponses nous le dit : nous ne sommes pas « tous » des Maçons opératifs. Nous travaillons donc les symboles opératifs par une application à notre vie morale. Le crayon, le virolet et le compas sont ainsi les trois derniers outils qui nous sont confiés pour diriger nos actions durant notre progression symbolique depuis le grade d'Apprenti.

Bien souvent, lorsque ces objets sont évoqués, il est fait peu de cas de la gradation qui est fournie à notre réflexion. Regardons ainsi le détail et commençons par le dévidoir, ou virolet. Le « virolet », ce mot incongru est en réalité un terme de marine. Il signifie selon le Littré un « *Cylindre de sapin employé dans les corderies. On se sert aussi de virolets dans l'entrepont, pour empêcher les cordages de frotter contre les corps durs* ». Le « *dévidoir* » est lui un mot plus simple, puisqu'il désigne un objet servant à dévider, c'est-à-dire à « *Mettre en écheveau, au moyen du dévidoir, le fil qui est sur le fuseau* ». Symboliquement, il est donc la ligne de conduite droite et sans écart qui nous est montrée dans le Volume de la Loi Sacrée pour qu'elle soit suivie.

Mais puisque nous avons un chemin tracé, il faut que nous conservions en tête que tous nos actes et nos paroles sont consignées par « *l'Architecte Tout-Puissant* ». Et ainsi, à l'aide du « *crayon* » nous pourrons être évalués au jour du jugement.

Enfin, le « compas » est l'outil du jugement. Il aidera à

déterminer le terrain sur lequel nous serons évalués pour savoir si nous avons franchi les limites qui nous avaient été fixées entre le bien et le mal. Vous pourriez alors vous offusquer en signalant que ceci, il vous suffisait de lire les Instructions pour en prendre connaissance. Alors regardons ces objets simples plus en détail et recommençons par le dévidoir, ou virolet. Deux mots semi-barbares, mais qui le sont encore plus lorsque l'on regarde leur origine anglaise. Ainsi, en anglais, cet objet se nomme un « skirret ».

Grand bien vous fasse d'en trouver une définition dans un dictionnaire contemporain. Ce mot n'existe quasiment plus. Toutefois, regardons ce qu'en dit Mackey dans son encyclopédie : « *Dans le système anglais, le « skirret » est l'un des outils de travail d'un Maître maçon. C'est un instrument qui agit sur une goupille centrale, d'où une ligne est tracée, tracée à la craie et frappée pour marquer le sol de la fondation de la structure voulue. Symboliquement, cela nous indique la ligne de conduite immuable et sans faille établie pour nos activités dans le volume de la Loi sacrée.* »

Ainsi donc, le « skirret » est utilisé avant la fondation d'un bâtiment, donc, par voie de conséquence, avant tous les autres outils qui vous ont été présentés jusqu'à présent. Or, en devenant Maître, vous devenez capable de participer à la planche tracée. Il est donc naturel que vous soyez celui ou celle qui va tracer les contours des actions des Apprentis et Compagnons de la Loge. Ce simple petit objet sert donc à tracer, à partir du centre, les limites de nos actions. Mais ce qui est encore plus intéressant, c'est que cet outil n'est probablement qu'un ajout tardif d'après l'Union de 1813. Il n'apparait en effet qu'à partir de 1825 sur les tableaux d'Harris[37]. Enfin, pour tracer, il faut aussi un crayon. Maître, nous devenons à même de construire nous-mêmes l'édifice, de le contempler et donc de l'élever. Il nous faut donc tracer les fondations nouvelles. Ce sont donc les outils de la fondation, de la fabrication de notre temple intérieur, que nous essayons de préparer depuis déjà deux grades.

Nous nous sommes en effet mesurés, évalués, nous sommes prêts à nous élever... par le compas. Car celui-ci est l'un des deux objets sur lesquels nous prêtons serment. Et ce serment est important.

---

[37] Ibid. 8, page 63.

II. Prendre des responsabilités dans sa Loge

a) Les obligations des Maîtres envers les autres : avant et pendant la conférence de Maîtres

Vous travaillez sur vous. Ceci est une bonne chose.

Toutefois, en tant que Maître, il vous faut travailler avec et pour les autres.

Tout d'abord, pensez toujours à répondre le plus rapidement possible aux convocations que vous envoie votre Secrétaire. Même si vous ne l'appréciez pas. Même si celui ou celle-ci vous est antipathique.

La principale raison à celle-ci est qu'aucune animosité ne devrait exister avec un frère ou une sœur. Jamais.

Ensuite, ce n'est pas le frère ou la sœur qui vous pose la question. C'est le Secrétaire.

Ce frère ou cette sœur est dans sa fonction. Respectez le frère, respectez la sœur, respectez la fonction.

Enfin, même si vous n'en avez pas conscience encore, le Vénérable Maître se doit de savoir qui sera présent en Loge à la prochaine convocation. Il lui faut s'assurer qu'il ou elle dispose d'un collège d'officiers en mesure de procéder aux travaux et de réaliser une cérémonie par exemple.

Ainsi, en cas d'absence du 2e Diacre, il est essentiel

qu'un frère ou une sœur de la Loge soit en mesure de prendre ce poste et soit averti le plus tôt possible afin de prendre le relais et se préparer à effectuer cette cérémonie.

Répondre le plus rapidement possible à une convocation c'est respecter sa Loge et les frères et les sœurs qui la composent.

Ceci vaut bien évidemment également pour les banquets. Il est essentiel que ceux en charge des banquets puissent s'organiser quant aux quantités de nourriture à fournir, ainsi qu'à la préparation de celle-ci.

Nous sommes certains que vous n'apprécieriez pas venir à un banquet où l'on vous signalerait que nous ne pouvons vous servir… faute de nourriture !

Prenez donc soin des autres.

Mais prendre soin des autres c'est aussi prendre soin de sa Loge : continuer à participer au « montage/démontage », arriver tôt, s'enquérir des autres (santé, bonheur, malheurs, déceptions, joie, etc.).

Certain(e)s pourraient penser que c'est aux Apprentis, voire aux Compagnons de monter la Loge, et que seul le Directeur des Cérémonies est responsable de son bon montage. Car c'est sa fonction.

C'est inexact.

Le Directeur des Cérémonies est certes là pour s'assurer que le montage réalisé est conforme aux traditions, mais pour ce faire il faut que tout ait été monté.

Prenez donc le temps de vous souvenir un instant de votre Apprentissage. N'aviez-vous pas apprécié monter la Loge en compagnie de Maîtres qui vous conseillaient sur l'emplacement des colliers par exemple ? Ou à l'inverse, si vous procédiez à ce montage seul(e), n'auriez-vous pas apprécié que quelqu'un vous assiste ?

Ceci peut paraitre banal, voire digne de La Palice. Toutefois, l'expérience a démontré que dans les petits détails évidents se cachaient souvent les premiers oublis, les premières défections, les premières pertes de bonne tradition.

Et bien se comporter avant la tenue c'est aussi bien se comporter en Conférence de Maître.

Car vous avez désormais accès aux Conférences de Maîtres.

Alors, que s'y passe-t-il ? Est-ce une simple chambre d'enregistrement des décisions prises par les plus anciens ou les plus gradés ?

Encore une fois, rien n'est moins vrai.

Certes, un Vénérable Maître expérimenté aura pris soin de préparer les points de l'ordre du jour pour que les sujets présentés ne puissent souffrir contestation ou remise en question. Mais si vous avez la moindre question, le moindre doute sur un point de vue, n'hésitez pas à le signaler, car un bon Vénérable Maître laisse de la place au dialogue, à la discussion, voire à de la contestation argumentée.

Le meilleur exemple se situe lorsque des candidatures se font jour pour rejoindre l'atelier. Vous pouvez ainsi accepter, mettre en question, ou refuser un(e) candidat(e). Mais vous pouvez aussi vous proposer de rencontrer un(e) candidat(e).

Pardon ? Vous n'en avez pas envie ? Cela vous est pénible de vous dire que vous allez, encore, sacrifier une partie d'une de vos soirées pour aller rencontrer cette personne qui, très probablement, et de toute façon, va rentrer dans votre Loge ? Fort bien.

Ceci étant dit. Si un souci se révélait durant son apprentissage, ou plus loin encore. Ne serez-vous pas aussi la première personne à vous élever pour dire qu'une « erreur de casting » a été faite ? Vous offusquer que le manque d'implication, l'absence de motivation, le déficit d'assiduité sont des choses qui proviennent d'une mauvaise enquête ? Que les enquêteurs qui ont fait le travail l'ont mal fait, et que peut-être il n'aurait pas fallu initier la personne dans votre Loge car ce n'était pas le moment, ou bien ce n'était pas le bon rite, etc. ?

Alors prenez votre part et participez. Aidez ceux qui aident sans attendre rien en retour. Rejoignez le cercle. Agissez pour défendre votre Loge et prendre de bonnes personnes dans la vie profane pour les rendre meilleures.

Car il est agréable de rester assis en Loge à regarder les officiers procéder aux cérémonies. Nous l'avons tous fait.

Il est agréable de les regarder faire, et parfois il est irritant de les voir chuter à des endroits que l'on pense facile dans le rituel. La réalité vient toujours à prouver que ce n'est jamais le cas. Rien n'est facile. La franc-maçonnerie ce n'est pas facile. La rite Anglais style Émulation ce n'est pas facile. Il faut travailler, faire des erreurs, en apprendre quelque chose, tenter de corriger, faire d'autres erreurs, les corriger, et continuer à avancer de la sorte.

Ainsi, si la providence vous a mené à devenir Maître, à défaut d'avoir un office, ou même si vous avez un office : soyez utile.

Ne disons pas qu'un Maître qui n'officie pas est inutile. C'est tout le contraire.

En effet, un Maître se doit de toujours proposer des améliorations, se proposer de soulager d'autres frères et sœurs dont les fonctions sont contraignantes, se proposer d'aider. La bienfaisance n'est pas qu'une ponction monétaire.

Prenons un exemple. Vous voyez les Apprentis installer la Loge, et ceux-ci disent au détour d'une phrase « *ah, il n'y a presque plus de bougies* », ou « ah, il n'y a plus de piles pour les bougies » (selon les conditions d'utilisation des locaux). Que faites-vous ?

Laissez-vous ce problème à l'Apprenti qui a relevé le souci ? Attendez-vous qu'il en parle à un Maître et que ceci soit son problème ? Ou bien rapprochez-vous alors de l'Apprenti pour constater le volume de bougies ou l'absence de piles restantes et en remerciant l'Apprenti pour avoir soulevé ce souci qui sera réglé rapidement ?

Il y a de grandes chances que si votre Loge se porte bien, c'est parce que vous avez opté pour la dernière solution.

Vous n'êtes pas responsable de tout ce qui ne va pas dans la Loge. Vous n'êtes pas responsable de toutes les améliorations qui auront lieu dans la Loge. Les échecs ne sont pas votre faute. Les réussites ne sont pas votre victoire. Mais prenez votre part.

Un Apprenti ou un Compagnon pose une question. Vous n'avez pas la réponse sous la main. Qui vous interdit de la chercher une fois rentré(e) à la maison ? Devez-vous obligatoirement rediriger le frère ou la sœur vers celui ou celle qui sait, et qui se voit être le centre des questionnements de tous ?

Rien ne vous y oblige, puisque, théoriquement, vous êtes Maître. Vous devez partager la réussite et les difficultés de la Loge.

Autre exemple, nous sommes en juin, les chandeliers sont couverts de bougie fondue. Encore ces bougies ! Attendez-vous septembre pour voir si quelqu'un a eu l'idée de les nettoyer ? Préférez-vous dire « *et si nous achetions des bougies LED ? Cela ne serait-il pas plus simple et moins dangereux ?* »

Aucune de ces solutions n'est probablement la meilleure. La meilleure étant, une fois encore, d'en parler en conférence de Maîtres.

Tous les soucis que vous rencontrez, que vous dénichez, qui vous sont signalés, doivent faire l'objet d'une évocation en conférence de Maître. Que ce soit en les remontant au Secrétaire, au Vénérable, ou bien en les signalant directement en demandant la parole.

b) Devenir officier de sa loge et prendre des responsabilités

Vous pouvez le voir dans les Instructions au point 31 de la 1re partie, c'est votre travail qui vous a permis d'être élevé(e), d'évoluer pour devenir le Maître que vous êtes désormais.

De plus, ce qui vous a permis d'être élevé à ce grade sont le secours de Dieu, l'aide réunie de l'Equerre et du Compas et votre propre zèle[38]. Mais le zèle. N'est-ce pas un défaut ?

Il est en effet très commun de s'entendre dire qu'il ne faut pas faire de zèle par exemple dans le monde de l'entreprise. « Faire du zèle » est quelque chose de malvenu, de méprisable presque.

Or en maçonnerie, point du tout.

Lors de l'Installation d'un nouveau Vénérable Maître, le mot « zèle » est répété pas moins de 7 fois, et durant votre élévation vous avez pu entendre, par la voix du Maître Hiram, que les secrets de la maçonnerie s'acquéraient avec de la patience et du zèle.

L'explication de l'emploi de ce mot tient tout simplement dans sa définition telle que le Littré nous la donne. « Zèle : *Affection vive, ardente pour le service de quelque chose, de quelqu'un, de Dieu.* » Il s'agit donc d'un mot affecté principalement à la religion. Faire preuve de zèle c'est donc

---

[38] Instructions de Maître - 1re partie question 43.

servir Dieu. Et comme le disait Roger DACHEZ « *Servir, c'est prier en acte* ».

Servir la franc-maçonnerie au rite Anglais style Émulation c'est ainsi s'impliquer dans la vie de la Loge, dans la réalisation des cérémonies mais aussi dans la transmission du savoir qui vous a été confié.

Pour se faire, le premier moyen, c'est très simplement de rentrer dans la filière des offices, officiellement, ou « pour aider ».

Ainsi, dans une structure à taille humaine (pour ne pas dire « une petite Loge », il arrive souvent qu'en raison de l'absence d'un frère ou d'une sœur, il faille au Vénérable Maître demander de l'aide à un Maître afin d'assurer un poste. Ceci peut alors être problématique pour celui ou celle à qui l'on demande, car bien évidemment, tout le monde est de bonne volonté en franc-maçonnerie, mais l'on ne prend pas la place d'un 2e Diacre lors d'une Initiation sans avoir une bonne préparation.

Pour cela, une règle officieuse des maçons anglais existe, fruit du bon sens : la règle des 3 postes.

Ainsi, lorsque vous occupez un office, il convient de maitriser celui que vous avez réalisé l'année précédente, celui que vous occupez, et celui que vous êtes sensé occuper l'an prochain (celui que l'on a fait, celui que l'on fait, celui que l'on fera).

Voici pourquoi les francs-maçons anglais prévoyants gardent toujours avec eux dans leur mallette leurs fiches (ou aide-mémoire).

Certains postes sont très bien conçus pour accueillir un jeune Maître :

    a. Les postes « visuels » où le vrai travail se fait en dehors de la Loge : Aumônier, Trésorier, Secrétaire,

    b. En l'absence de cérémonie : Garde Intérieur, 1er et 2e Diacre.

Soyez donc curieux de regarder dans le rituel d'ouverture/fermeture aux 3 grades ce que doit faire un Aumônier, un Secrétaire, un Diacre (1er et 2e) et un Garde Intérieur.

Ceci vous permettra ainsi de commencer à décortiquer le rituel, noter les moments où ces officiers interviennent, ce qu'ils font, ce qu'ils disent, comment ils le font et le disent.

Mais prendre des responsabilités dans sa Loge, c'est aussi assurer la pérennité de celle-ci. Et pour cela, il convient de recruter de nouveaux membres.

Si la Providence fait que vous ne receviez pas de postes rapidement après votre élévation, peut-être pourriez-vous vous proposer pour d'autres activités ? Telles que participer aux enquêtes des candidats.

Vous pourriez ainsi, avec l'aide d'un frère ou d'une sœur expérimenté(e) être le premier rempart de la Loge dans la défense de sa pérennité. Il est ainsi important de détecter lors des enquêtes si le ou la candidat(e) est adaptée à la forme de la Loge.

Savoir proposer d'aller présenter sa candidature

ailleurs est quelque chose de peu aisé, mais d'indispensable afin que chacun puisse vivre une maçonnerie heureuse.

Vous pouvez également être nommé(e) « Personal Mentor » (équivalent de Parrain/Marraine) par le Mentor de votre Loge. Vous pourrez ainsi accompagner un candidat, calmer ses peurs, apaiser ses angoisses et freiner ses réticences.

c) Devenir mentor personnel

Le rite Anglais ne connait pas la notion française de « parrain ». Il lui préfère celle de « Personal Mentor ». La nuance peut paraitre ténue, mais elle est essentielle.

En effet, en tant que Mentor Personnel, vous avez la charge de donner envie aux candidats de rester, de se sentir bien, de s'impliquer. Vous instruisez pour enseigner, vous montrez la voie et recadrez les erreurs. C'est un programme colossal pour qui s'y attèle sérieusement.

Si toutefois vous jugez que tel n'a pas été le cas avec le Mentor Personnel qui vous a été attribué le jour de votre Initiation, prenez comme une occasion unique de devenir vous-même l'exemple que vous auriez aimé recevoir. Mais gardez-vous tout de même de tout jugement, car vous réaliserez très rapidement qu'entre la théorie et la pratique, il y a un monde qui sépare l'image que vous avez de vous, et celle que les autres peuvent percevoir.

C'est pourquoi, afin de vous aider à devenir l'engrais naturel qui fera grandir les frères et sœurs qui s'élèveront à vos côtés, permettez-nous de vous proposer la traduction d'un document anglais. Il s'agit d'un document remis par la Grande Loge Provinciale du Lincolnshire et qui se nomme : « **Le rôle du Mentor Personnel.** »

Vous noterez bien évidemment que ce texte provient d'une obédience monogenre masculine et que la féminisation de certains mots reste à charge du lecteur.

Voici en tout cas ce qu'il est donné à méditer :

« **INTRODUCTION** : *La partie la plus importante de votre rôle de Mentor personnel du candidat c'est d'être un ami et un guide pour lui. Vous avez été sélectionné par le Mentor de la Loge pour être le Mentor personnel du candidat, soit parce que vous êtes son 1er Enquêteur («Proposer», son 2e Enquêteur («Seconder») ou un autre Frère approprié, mais la considération la plus importante est que vous vous entendiez ensemble et que vous aidiez le candidat à s'impliquer dans la Loge et à comprendre et apprécier la Franc-Maçonnerie. Si vous y parvenez, le nouveau maçon profitera pleinement des avantages d'être un Franc-maçon, il se sentira confiant et compétent pour parler de la franc-maçonnerie à sa famille et à ses amis - être un ambassadeur pour la franc-maçonnerie - et la Loge aura gagné un grand atout.*

Le Grand Maître Provincial a déclaré en Grande Loge que le mentorat d'un candidat comporte trois étapes. Il dit : "La première étape consiste pour chaque candidat à comprendre les principes de base à devenir un franc-maçon. Il s'agit vraiment de fournir un bon accueil de base. Un candidat ne devrait jamais se sentir ignorant et devrait être mis au courant de son engagement financier et du temps nécessaire à son implication. Pendant ce stade, le Mentor personnel répond aux questions que le candidat peut avoir pour lui permettre d'acquérir un sentiment d'appartenance. En d'autres termes, il ne devrait jamais y avoir de surprises.

La deuxième étape est une compréhension des bases du rituel, surtout après l'initiation, le passage et l'élévation. Cette compréhension devrait conduire à la capacité de répondre à des questions sur les mythes que les non-maçons ont. De sorte que, dès le début, les membres peuvent répondre à des questions sur les « drôles » de poignées de main, les nœuds et la jambe de pantalon enroulée - tous ces classiques – de manière précise et sans gêne. Nous ne parlons pas d'entrer dans des connaissances approfondies, mais plutôt d'une compréhension commune. Le Mentor personnel peut, bien sûr, pointer le nouveau maçon dans la bonne direction vers cette profondeur supplémentaire et les informations importantes telles qu'elles l'exigent.

La troisième étape consiste à donner confiance au nouveau

maçon - dès le début - afin qu'il puisse parler à sa famille et à ses amis en particulier, à propos de la franc-maçonnerie. Ceci est essentiel pour assurer le futur. Un candidat - et cela s'applique également à nous tous – doit comprendre comment parler aux non-maçons de ce que signifie la franc-maçonnerie. Le but est d'avoir autant de membres que possible en tant qu'ambassadeurs pour la franc-maçonnerie."

ÊTRE UN AMI : *C'est aussi simple que cela en a l'air. Les amis prennent soin des autres, s'entraident et profitent de la compagnie des autres. Cela vous aidera si vous connaissez le Candidat avant même qu'il n'ait demandé à rejoindre la Loge. Idéalement, vous aurez eu la possibilité de parler à sa femme ou à son partenaire s'il en a un. Il est important qu'ils soient heureux avec sa décision de rejoindre la franc-maçonnerie et de s'impliquer dans les activités sociales de la Loge. Soyez certain qu'il est conscient du temps et des engagements financiers nécessaires. Une fois qu'il est membre, restez en contact et devrait-il manquer une réunion sans que vous ne sachiez qu'il allait le faire, téléphonez-lui et voyez si tout va bien.*

L'INITIATION : *En tant qu'ami, vous voudrez qu'il profite de la nuit de son initiation. Idéalement, vous ou un autre frère vous l'accompagnerez jusqu'au temple maçonnique (« Masonic Hall »). S'il vient seul, soyez certain qu'il sait où est la salle et à quelle heure il devrait être là. Assurez-vous qu'il sait ce que le code vestimentaire est et, si la Loge l'oblige à porter des gants après la cérémonie, qu'il en ait. C'est une bonne idée s'il peut rencontrer le 2e Diacre avant la cérémonie. Si possible, arrangez-vous pour être assis à côté de lui quand il prendra place dans la Loge et qu'il ait une copie de l'Ode de clôture, un peu d'argent pour le Tronc de bienfaisance et l'aider avec les signes quand la loge se ferme. Au souper ou au conseil d'administration, si possible arrangez-vous pour être assis à côté ou à proximité de votre candidat. Assurez-vous qu'il sait ce qui est attendu de lui en particulier, s'il doit répondre à son toast, cela aide si vous avez discuté ce qu'il a à dire.*

APRÈS L'INITIATION : *Vous devriez prendre rendez-vous avant la prochaine réunion, de préférence dans la salle de la Loge, pour* discuter de la cérémonie et lui faire faire un tour de la pièce en expliquant les points importants, par exemple les sièges, le mobilier de la Loge et aussi pour s'en sortir avec les signes. C'est aussi un bon moment pour expliquer la cérémonie et son symbolisme. La plupart des provinces ont une série de livrets pour chaque diplôme qui peuvent former la base de la discussion. Il existe également une série de documents couvrant chaque grade et leur signification sur le site www.masonicmentoring.org.uk que votre Mentor de loge a en sa possession si vous ne l'avez pas. Vous devriez organiser une rencontre après chacune des cérémonies de grade pour une discussion similaire.

LA PROCHAINE RÉUNION : Assurez-vous d'abord qu'il soit au courant de la prochaine réunion et du calendrier de la Loge. Qu'il connaisse le code vestimentaire et s'il a besoin de réserver un repas ou s'il y a une liste de restaurants permanente. Encore une fois vous devriez vous asseoir avec lui dans la Loge, voir qu'il a une copie des Odes et connaît les signes. S'il va devoir quitter la Loge soyez certain que le Mentor de la Loge a arrangé pour lui et tous les autres nouveaux maçons d'être accompagné. Ceci est une excellente opportunité pour faire "un avancement dans le savoir maçonnique ", ne le laissez pas le gaspiller, s'il n'y a pas d'initiation dans votre Loge à l'avenir proche essayez de l'amener dans une Loge à proximité quand ils en ont un afin qu'il puisse voir la cérémonie.

GRADES SUBSÉQUENTS : Encore une fois, vous voudrez qu'il apprécie ces cérémonies alors soyez certains qu'il soit bien préparé. Vous devez vous assurer qu'il a reçu les Questions et réponses dès que possible et l'aider à apprendre ses mots. Quelques loges encouragent les candidats à assister à une partie de la répétition afin que lui (et les membres) soit confiant qu'il connaisse ses mots.

APRÈS LE TROISIÈME GRADE : Vous devrez peut-être avoir quelques réunions, d'abord pour discuter de la cérémonie et de sa signification, d'autre part pour discuter de l'Arc Royal et de sa place dans une maçonnerie Pure et Ancienne et troisièmement, et peut-être le plus important, de discuter de la voie à suivre. Il ne devrait pas automatiquement supposer que chaque Frère veut passer au Vénéralat. Certains peuvent souhaiter attendre un peu avant de prendre un office ; certains peuvent être plus intéressés par un autre rôle tel qu'Aumônier ou Trésorier. Il est très important que tout le monde procède à son propre rythme et dans sa propre direction.

BIENFAISANCE : *Il est important que nous comprenions tous, non seulement nos obligations envers la maçonnerie, les organismes de bienfaisance, mais aussi le travail important qu'ils font. Vous devriez présenter au nouveau maçon le « Charity Steward » et l'Aumônier le plus tôt possible afin qu'ils puissent lui parler de leur office.*

AMBASSADEUR POUR LA FRANC-MAÇONNERIE

: *Beaucoup de frères hésitent à parler de la franc-maçonnerie à leur famille et amis d'autres sont très heureux de le faire. Chaque frère devrait se sentir confiant et compétent pour discuter de la franc-maçonnerie si elle entre en conversation et dissiper les mythes.*

CONCLUSION : *Aider un nouveau Frère à apprécier et à s'impliquer dans sa loge est l'un des rôles les plus importants que vous pouvez assumer. Si vous pouvez aussi l'aider à comprendre la franc-maçonnerie et à parler avec confiance et compétence à sa famille et à ses amis au sujet de la jouissance qu'il en reçoit alors vous aurez non seulement aidé un frère, mais aussi la franc-maçonnerie en général et avoir trouvé vous-même cela satisfaisant et agréable. »*

III. Explication symbolique et biblique de la cérémonie d'élévation

a) L'absence de la légende dans la Bible

La légende de la mort d'Hiram n'existe pas dans la Bible. Nulle part.

Il peut donc paraître curieux qu'une légende censée avoir été transmise en se basant sur le Volume de la Loi Sacrée soit à ce point différente de ce que celui-ci énonce. Or, nous l'avons vu, cette légende d'un Hiram Maître Architecte est une invention du XVIIIIe siècle. Mais quelles en sont ses sources ? Quand apparut-elle ?

Rien ne permet d'y répondre avec certitude. Toutefois, trois textes sont à lire pour comprendre l'origine de la légende d'Hiram.

Tout d'abord le chapitre V de l'ouvrage de Roger DACHEZ, *Hiram et ses frères* qui est une bonne introduction pour comprendre les probables sources de cette invention que rien ne justifie dans la Bible : la mort du Maître Architecte Hiram.

Une fois fait, vous découvrirez qu'il faut que vous vous replongiez dans le manuscrit Graham de 1726. Nous vous conseillons, comme toujours, l'usage du LANGLET[39].

---

[39] Ibid. 2, ainsi que son introduction par Roger DACHEZ sur son site : http://pierresvivantes.hautetfort.com/archive/2014/02/08/le-manuscrit-graham-1726-un-puzzle-pour-maitre-hiram-5293817.html

Puis, enfin, faites l'acquisition du Numéro 180 de Renaissance Traditionnelle consacré à Renaut de Montauban[40].

Ne vous focalisez que sur cela afin de ne pas perdre de temps à faire l'acquisition d'ouvrages qui, in fine, vous renverront invariablement à ces mêmes documents.

Pour vous en convaincre, regardons ce qu'en dit Philippe LANGLET à propos du manuscrit Graham de 1726 : « *Dans la deuxième partie du manuscrit, la tendance se confirme. Nous y découvrons la première mention du relèvement d'un corps, dans un texte maçonnique. Cette évocation est fondée sur une tradition relative à Noé. Elle semble la première version de ce qui deviendra ensuite la « légende d'Hiram », qui apparait comme une construction complète, établie dans un dessein particulier. Les éléments qui se stabiliseront dans cette légende sont déjà presque tous présents ici et ils sont, de plus, présentés dans l'ordre d'apparition que l'on connaitra ensuite. Nous pouvons découvrir, autour du personnage central (le patriarche constructeur d'une arche), l'existence d'un « secret », la perte de ce secret, la mort du personnage central, le cadavre décomposé qui se défait, les trois essais de redressement, les trois personnages qui les tentent, les trois articulations concernées, les trois paroles prononcées, et le choix d'un nom pour remplacer le secret perdu. Seul, le statut du personnage de référence est un peu différent d'Hiram, et on n'insiste pas sur l'environnement de la construction présent par la suite.*»

Se pose alors la question de savoir pourquoi dans la première référence maçonnique la légende d'Hiram se trouve être celle de Noé. Pour répondre à ceci, quelques années de franc-maçonnerie anglaise pourront éventuellement vous

---

[40] RT N° 180 : *Renaut de Montauban aux origines du mythe d'Hiram*
https://pierremollier.wordpress.com/2015/12/21/rt-n180-renaut-de-montauban-aux-origines-du-mythe-dhiram

enseigner plus sur le noachisme de la maçonnerie anglaise.

b) Les références bibliques du grade

Nous avons découvert ensemble les Cinq points du Compagnonnage dans les premiers textes fondateurs de la franc-maçonnerie précédemment. Mais qu'en est-il dans la Bible ? Existent-ils ou sont-ils une invention telle la légende d'Hiram ?

Encore une fois, ceux-ci n'existent pas dans la Bible, et c'est bien logique de par la tradition de Métier qu'ils représentent. Toutefois, un détail troublant du 2è livre des Rois est à citer.

Ainsi, dans 2 Rois 4, le Prophète Élisée, faiseur de miracles divers, reçoit l'hospitalité d'une femme de manière régulière, et en toute vertu. Voyant le prophète revenir souvent, elle lui fait construire une chambre. Souhaitant la remercier pour son zèle, il cherche à savoir ce qui lui ferait plaisir :

« 13 Et Élisée dit à Guéhazi : Dis-lui : Voici, tu nous as montré tout cet empressement ; que peut-on faire pour toi ? Faut-il parler pour toi au roi ou au chef de l'armée ? Elle répondit : J'habite au milieu de mon peuple. 14 Et il dit : Que faire pour elle ? Guéhazi répondit : Mais, elle n'a point de fils, et son mari est vieux. 15 Et il dit : Appelle-la. Guéhazi l'appela, et elle se présenta à la porte. 16 Élisée lui dit : A cette même époque, l'année prochaine, tu embrasseras un fils. Et elle dit : Non ! mon seigneur, homme de Dieu, ne trompe pas ta servante !

17 Cette femme devint enceinte, et elle enfanta un fils à la même époque, l'année suivante, comme Élisée lui avait dit. »

Or, ce fils grandit et un jour, il ressentit une vive douleur à la tête :

> « 20 Le serviteur l'emporta et l'amena à sa mère. Et l'enfant resta sur les genoux de sa mère jusqu'à midi, puis il mourut. 21 Elle monta, le coucha sur le lit de l'homme de Dieu, ferma la porte sur lui, et sortit. » L'histoire pourrait s'arrêter ici, mais, ayant demandé à Élisée de ne pas la tromper dans sa promesse de lui donner un enfant, celle-ci va voir Élisée et lui montre du respect sans jamais exposer son problème. Élisée devine alors que quelque chose est arrivé à l'enfant. Il lui confie ainsi son bâton :

> « 29 Et Élisée dit à Guéhazi: Ceins tes reins, prends mon bâton dans ta main, et pars. Si tu rencontres quelqu'un, ne le salue pas ; et si quelqu'un te salue, ne lui réponds pas. Tu mettras mon bâton sur le visage de l'enfant. 30 La mère de l'enfant dit : L'Éternel est vivant et ton âme est vivante ! je ne te quitterai point. Et il se leva et la suivit. 31 Guéhazi les avait devancés, et il avait mis le bâton sur le visage de l'enfant ; mais il n'y eut ni voix ni signe d'attention. Il s'en retourna à la rencontre d'Élisée, et lui rapporta la chose, en disant : L'enfant ne s'est pas réveillé. »

On voit donc qu'Élisée, de manière indirecte, tente de procéder à une résurrection par l'intermédiaire de son bâton, symbole de sa puissance. Mais rien n'y fait.

Il se rend alors dans la maison :

> « 32 Lorsque Élisée arriva dans la maison, voici, l'enfant était mort, couché sur son lit. 33 Élisée entra et ferma la porte sur eux deux, et il pria l'Éternel. 34 Il monta, et se coucha sur l'enfant ; il mit sa bouche sur sa bouche, ses yeux sur ses yeux, ses mains sur ses mains, et il s'étendit sur lui. Et la chair de l'enfant se réchauffa. 35 Élisée s'éloigna, alla çà et là par la maison, puis remonta et s'étendit sur

l'enfant. Et l'enfant éternua sept fois, et il ouvrit les yeux. 36 Élisée appela Guéhazi, et dit : Appelle cette Sunamite. Guéhazi l'appela, et elle vint vers Elisée, qui dit : Prends ton fils ! 37 Elle alla se jeter à ses pieds, et se prosterna contre terre. Et elle prit son fils, et sortit. »

On voit alors une sorte d'esquisse d'un séquençage d'actions à réaliser pour la résurrection d'un corps. Ceci est en fait un développement de ce qui était consigné dans le 1er Livre des Rois[41] à propos d'une résurrection réalisée par Elie, le Maître d'Elisée :

« 19 Il lui répondit : Donne-moi ton fils. Et il le prit du sein de la femme, le monta dans la chambre haute où il demeurait, et le coucha sur son lit. 20 Puis il invoqua l'Éternel, et dit : Éternel, mon Dieu, est-ce que tu affligerais, au point de faire mourir son fils, même cette veuve chez qui j'ai été reçu comme un hôte ? 21 Et il s'étendit trois fois sur l'enfant, invoqua l'Éternel, et dit : Éternel, mon Dieu, je t'en prie, que l'âme de cet enfant revienne au dedans de lui ! 22 L'Éternel écouta la voix d'Élie, et l'âme de l'enfant revint au dedans de lui, et il fut rendu à la vie. 23 Élie prit l'enfant, le descendit de la chambre haute dans la maison, et le donna à sa mère. Et Élie dit : Vois, ton fils est vivant. 24 Et la femme dit à Élie : Je reconnais maintenant que tu es un homme de Dieu, et que la parole de l'Eternel dans ta bouche est vérité.

Toutefois ce thème de la résurrection d'un enfant est également présent dans les Actes de Paul[42].

« 7 Le premier jour de la semaine, nous étions réunis pour rompre le pain. Paul, qui devait partir le lendemain, s'entretenait avec

---

[41] *1 Roi 17:20-24 (où il s'allonge seulement 3 fois sur l'enfant).*

[42] Actes 20 : 9-12.

les disciples, et il prolongea son discours jusqu'à minuit. 8 Il y avait beaucoup de lampes dans la chambre haute où nous étions assemblés. 9 Or, un jeune homme nommé Eutychus, qui était assis sur la fenêtre, s'endormit profondément pendant le long discours de Paul ; entraîné par le sommeil, il tomba du troisième étage en bas, et il fut relevé mort. 10 Mais Paul, étant descendu, se pencha sur lui et le prit dans ses bras, en disant : Ne vous troublez pas, car son âme est en lui. 11 Quand il fut remonté, il rompit le pain et mangea, et il parla longtemps encore jusqu'au jour. Après quoi il partit. 12 Le jeune homme fut ramené vivant, et ce fut le sujet d'une grande consolation. »

Le choix de l'enfant n'est pas anodin, car contrairement à la résurrection de Lazare de Béthanie par Jésus, l'enfant est pure de tout vice.

Toutefois, dans tous ces cas, il ne s'agit pas véritablement d'une résurrection comme celle du grade de Maître, mais bien plutôt d'une simple « réanimation », puisque l'âme est sensée être conservée dans le corps.

De là pouvons-nous nous poser la question de la nature de ce mystérieux relevage que nous réalisons lorsqu'un Maître est élevé ? Assurément.

Voici d'ailleurs probablement pourquoi, en personnifiant Hiram, ce Maître assassiné se voit ainsi réanimé dans le candidat à l'élévation. Et le rituel de nous préciser, par la bouche du Vénérable Maître « *C'est ainsi que tous les Maîtres Maçons sont élevés d'une mort symbolique pour être réunis à leurs Compagnons de labeur* ».

c) Les curiosités du grade : ce qui reste à creuser pour vous

Lorsque l'on travaille un rituel, au fil des années, certains détails peuvent accrocher l'œil. En voici quelques-uns que nous vous invitons à creuser...

Commençons donc par un point souvent négligé dans ce grade au rite anglais : les 3 Loges qui partent à la recherche du Maître. Analysons d'abord les termes.

Ce sont des « Loges ». Mais pas n'importe lesquelles, puisque ce sont des « Loges de Compagnons du Métier » qui ont été désignés.

Depuis quand une Loge peut-elle se réunir sans Maîtres ? Ceci peut paraître anecdotique, mais cela peut sous-tendre un concept ancien, qui remonte même au XVIII ès, voire avant, celui que, précédemment, les grades étaient ceux d'Apprenti-Compagnon et de Maître. Existait donc jusqu'aux années 1725 un système à 2 grades. Et notamment chez les opératifs écossais où les Apprentis étaient d'abord « enregistrés » avant d'être « entrés » dans la Loge, puis ils pouvaient devenir au bout de 7 ans des « Compagnons-Maîtres »[43]!

Ainsi, en parlant alors de Loges de Compagnons, ceci est-il une simple convenance du texte, ou bien une survivance du souvenir que le grade de Maître pour les bâtisseurs de l'époque Moderne était un grade payant et fort cher ? Et

---

[43] Alain BAUER et Roger DACHEZ, *Nouvelle histoire des francs-maçons en France*, page 62, Éd. Tallandier, 2018.

qu'ainsi, nombre de bâtisseurs ne voyaient pas l'intérêt de devenir « Maître » au tarif que cela leur coutait ? Ils restaient donc « Compagnons » (« Fellows ») tout en étant les chefs de leurs entreprises artisanales.

Tranchons probablement qu'il ne faut pas aller si loin, et qu'il était très probablement plus convenable et facile après l'Union de 1813 de dire qu'ayant 15 Compagnons partis à la recherche du Maître, il fallait symboliquement qu'ils soient répartis en 3 Loges, car ceci faisait 3 X 5 frères.

Pourquoi cela ? Et bien parce que nous avions 15 conspirateurs originels. 12 qui s'étaient rétractés, et 3 qui étaient partis à l'assaut des secrets du Maître. Il fallait donc à l'inverse avoir autant de maçons vertueux pour partir à la recherche du Maître suite à la découverte des 3 Compagnons suspects manquants.

Sauf que, autre détail incongru, puisqu'on nous signale que 3 Loges partent, une ne trouva rien d'important, mais la 2è eut plus de chance car elle trouva quelque chose.

Refaisons sur nos doigts le compte : 1 Loge ne trouve rien d'important, 1 Loge trouve quelque chose. Et la dernière ? Que trouve-t-elle ? Où est passée cette information ? Est-elle tombée dans les oubliettes de l'Histoire de la mythologie maçonnique ? Je vous laisse chercher.

Mais n'oublions pas que, symboliquement parlant, il était très probablement plus utile de dire que 3 Loge partirent, une ne trouva rien, et l'autre eut plus de chance. Quitte à laisser de côté qu'aucune mention n'était faite de la 3è Loge.

Autre anecdote, qui est d'ailleurs une anecdote

double, si l'on considère le texte, il nous est signalé qu'il y avait 15 conspirateurs. 12 se récusent, mais n'ont pas avoué le complot contre le Maître.

Sont-ils punis ? Nulle mention n'en est faite. Il nous est signalé qu'ils ont conspiré pour obtenir les secrets d'un grade supérieur, mais ont pris peur et ne l'ont pas fait. FIN.

Ceci inquiète donc, et c'est à ce moment-là que des Compagnons sont envoyés à la recherche du Maître. Mais les autres ? Ils ont tenté d'obtenir des secrets en ayant même recours à la violence, ne l'ont pas fait, ils ne sont donc pas punis ? C'est un détail curieux qui fut certainement laissé de côté tant ceci ne revêtait aucune importance dans une société où complots et conspirations étaient monnaie courante. Ou bien est-ce à creuser en termes d'instruction morale ? Faute avouée… ?

Pourtant, dans de nombreux rites continentaux, on parle abondamment de ces « mauvais » Compagnons qui trahissent le Maître jusqu'à l'issue fatale.

Le rite Anglais lui sépare les coupables du crime des conspirateurs avides de secrets. Et la fin est d'ailleurs très expéditive à leur encontre : ils commettent un crime, l'avouent, se repentent, et sont exécutés ! Fin. Ils ont donc beau avoir avoué, ils ont commis le crime, ils sont tués. Fin.

Ceci peut surprendre les maçons contemporains, et notamment les maçons des rites continentaux, mais n'oublions pas que ces rituels furent rédigés à une époque où la peine de mort était commune, et que le salut de l'âme comptait pour quelque chose ! Ainsi, expier sa faute était s'assurer d'une chance de voir son âme pardonnée pour sa faute. Ainsi, dans la cérémonie, seule comptait la notion de crime. Or, dans la réalité, même les comploteurs étaient condamnés au XVIIIe siècle - XIXe siècle. Mais cérémoniellement parlant, il était probablement plus simple de dire que l'on oubliait ceux qui avaient comploté et que seul comptait le crime.

Or seul Dieu pardonne. Les hommes du XIXe siècle, vengent les victimes et renvoient les coupables à la miséricorde de leur créateur.

Ceci peut paraître un détail, mais par exemple, au rite français, la notion d'évaluation de chaque Compagnon qui tente de devenir Maître est très importante. Qu'il ait comploté ou pas, un Compagnon se doit d'être pur d'intentions. Sans quoi, sa fin pourrait être plus proche qu'il ne le croyait.

Enfin, dernière curiosité, et celle-ci est plus impertinente encore. Imaginez, vous êtes face à un cadavre. Vous devez le déplacer. Que faites-vous ? Comment faites-vous plutôt ?

Procédez-vous comme il vous a été enseigné, ou essayez-vous de simplement le soulever en sautant là où il se trouve ?

Ce qui vous est expliqué dans la cérémonie n'est pas conventionnel. Pas adapté à la réalité. Pas cohérent voire logique, sauf à considérer toute l'importance que l'on souhaite donner à la résurrection symbolique et à l'immortalité de l'esprit. Celui qui se transmet de génération en génération et fait de vous l'avatar du Maître originel dont vous devez épouser les qualités afin de devenir son égal.

d) Se préparer aux Side Degrees : Marque, Arc Royal et autres ordres additionnels

Peut-être y a-t-il encore une remarque également que nous pourrions traiter et qui ouvre de nombreuses perspectives.

Il s'agit du passage de l'ouverture au 3ᵉ grade où une véritable Instruction par Questions et Réponses a lieu.

Le Vénérable demande au 1ᵉʳ Surveillant pourquoi celui-ci quitte l'Est pour aller à l'Ouest. La bonne réponse serait : *pour retrouver trace de notre Maître Hiram qui a disparu* ! Or, le 1ᵉʳ Surveillant répond qu'ils sont partis rechercher *les secrets originels du Maître Maçon* qui ont été perdus.

Maître Hiram apprécierait-il que l'on se soucie de lui uniquement pour ses secrets ?

Bien évidemment non, mais ceci n'est qu'une excuse pour permettre au 1ᵉʳ Surveillant de signaler qu'il n'est pas en possession des secrets du Maître maçon. Il ne peut donc pas faire en sorte d'aider le Vénérable Maître à ouvrir la Loge.

Et à cet instant, nous est précisé par le Vénérable Maître qu'il va nous aider à réparer cette perte, et que puisse le Ciel seconder leurs efforts réunis.

Notons tout d'abord que REDMAN précise que le Chapelain peut communiquer cette phrase. Ce qui n'est pas anodin. En effet ceci démontre que ces secrets touchent au divin car l'on invoque « le Ciel » pour les seconder.

Mais ce qui est important, c'est la notion que le Vénérable signale qu'il va aider à « *réparer cette perte* ». Notez bien le verbe « *réparer* ». Ainsi, il ne va pas changer totalement la perte de ces Secrets en oubliant ce qui existait avant, mais bien accepter que le 1er Surveillant tente de compenser cette perte comme il le peut !

C'est ainsi ce qui se produit lors de la fermeture. N'arrivant à retrouver ces Secrets originels, celui-ci peut communiquer des « *secrets de substitution* » au Vénérable Maître, qu'il a reçu lui-même du 2e Surveillant et qu'il souhaite soumettre.

« Soumettre » signifie ici que ces nouveaux modes de reconnaissances ne sont pas validés. Ils sont soumis à approbation. Il va donc falloir les valider. Mais pour toujours ?

Bien évidemment non. Le Vénérable Maître signale même que ces secrets serviront « *jusqu'à ce que le temps ou les circonstances nous rendent les originels.* ».

Et là, nous sommes dans l'impasse !

Car nous sommes Maîtres. Nous sommes censés avoir terminé notre progression symbolique. Il est donc impossible pour nous d'avoir plus tard la restitution de ces secrets originels. À moins que…

À moins, sans trahir de secret bien évidemment, à moins que nous nous souvenions que la franc-maçonnerie anglaise est composée de trois grades « dont l'Arc Royal » (ou « Arche Royale »).

Pourquoi ce « dont » ?

Et bien même si depuis les années 2010 la Grande Loge Unie d'Angleterre considère de manière tranchée que l'Arc Royal est un ordre séparé de la Franc-Maçonnerie dite « bleue », la pratique des grades additionnels est essentielle pour comprendre et recevoir de nouvelles instructions morales et philosophiques parfois fort différents les uns des autres.

Voici pourquoi il ne convient pas de se dire « Je suis Maître, voilà, c'est terminé ! La suite ne me concerne pas. Et, de toute façon, je ne vais pas passer 10 ans à attendre de recevoir tous les grades possibles ».

Pour répondre à cela, sachez tout d'abord qu'en 10 ans, même si vous receviez un grade par an, vous n'auriez pas accompli un tiers des grades possibles dans la filière anglaise.

Ceci est dit.

Ensuite, ce ne sont pas les médailles ou les grades qui sont importants. Ce qui compte véritablement c'est de vivre les cérémonies pour pouvoir les faire vivre à votre tour à celles et ceux qui viendront ensuite.

Également, chaque cérémonie est importante dans la filière anglaise. Devenir Maître Maçon de la Marque n'est ainsi pas obligatoire pour devenir Vénérable Maître (à la différence du poste de Surveillant), mais par contre, être avancé à La Marque est obligatoire pour pouvoir accéder à ce que l'on nomme « *Le Passage des voiles* » qui est l'étape intermédiaire avant de pouvoir devenir Compagnon de l'Arc Royal (si l'on n'a pas été avancé à La Marque ou aux Ordres

Cryptiques).

Suivant les obédiences, le chemin proposé au-delà du grade de Maître peut varier. Toutefois, les maçons Anglais ont généralement près de 40 années de grades à passer à raison d'un grade par an (si cela était possible).

Nous espérons que ceci ne vous aura pas effrayé, mais vous aura permis au contraire de percevoir qu'un riche avenir vous attend au rite Anglais style Émulation.

Annexes

Explication du tableau de Loge du 1er grade

Aussi étonnant que cela puisse paraitre, il n'existe aucune explication officielle du tableau de Loge du 1er grade au rite Anglais de style Émulation.

Ceci donne ainsi lieu à de grandes interrogations pour de nombreux maçon(ne)s qui cherchent à comprendre, mais aussi à expliquer ledit tableau aux pauvres Apprentis qui tentent de tout découvrir en posant des questions à des Maîtres qu'ils pensent plus instruits.

C'est pourquoi, afin d'aider ces Apprentis, mais également ces Maîtres désemparés confrontés à leurs lacunes, vous trouverez ici une tentative d'explication de tous les éléments constitutifs des principaux tableaux utilisés dans la maçonnerie britannique.

Vous commencerez par vous souvenir qu'une Loge se tient en Terre Sainte. Rappel vous en sera donné dans les Instructions (cf. Instructions par Questions et Réponses 2.13 et 4.01 à 4.04). Et qu'à ce titre vous avez à un moment donné eu un pied en pantoufle.

Le tableau de la Loge étant la Loge elle-même, celle-ci est organisée en longueur, d'Est en Ouest, en largeur du Nord au Sud, mais aussi en profondeur et en hauteur (Instructions 3.36 et 4.05 à 4.06). Cette explication spatiale tient son origine dans le principe de la circulation de la Lumière (Instructions 3.01 à 3.07 et 4.07 à 4.09).

Par voie de conséquence, l'étude du tableau de Loge implique de maîtriser cette organisation spatiale. Ainsi, à l'Est, se trouve la source de la Lumière. Celle-ci atteint son zénith au Sud (le Midi) et s'en va à l'Ouest. Au nord, le Septentrion, la Lumière n'éclaire pas encore, et reste donc dans l'obscurité.

Le tableau de Loge reconnait ainsi cette organisation spatiale mais représente en perspective une scène. Celle-ci est la Loge symbolique qui vous est présentée à chaque ouverture des travaux par le 2e Diacre.

Afin de vous aider à mémoriser ses éléments, nous allons les découper en différents morceaux. Tout d'abord, l'intérieur d'une loge, et donc son tableau également, sont composés d'Ornements, de Meubles et de Bijoux (ou Joyaux).

Deux principaux types de tableaux sont utilisés généralement : le modèle HARRIS, et le modèle « Art déco » des années 1930. Afin que tous puissent s'y retrouver, les principaux éléments ont été numérotés.

Figure 11 John HARRIS - non daté

Figure 12 John HARRIS 1836 - Duke of Sussex Spencer Folio

Figure 13 Modèle « Art déco » conçu en 1933 pour l'achèvement du nouveau Freemasons' Hall de Londres, pour l'usage des Loges de la capitale

Figure 14 Modèle « égyptianisant » d'inspiration théosophique, imaginé pour LE DROIT HUMAIN britannique vers 1905

Les Ornements

Les ornements sont des accessoires destinés à embellir la Loge sont le Pavé Mosaïque, l'Étoile flamboyante et la Bordure dentelée (5.02 à 5.05).

Les instructions nous apprennent à les différencier en partant du monde terrestre (pavé mosaïque), puis en passant par le Soleil qui illumine la Terre (étoile flamboyante) jusqu'aux planètes qui entourent ce Soleil telle une frise (bordure dentelée).

La Bordure dentelée (sans ses houppes) (1)

En anglais « indented borders », la bordure dentelée peut avoir de nombreuses terminologies. Il convient toutefois de différencier la « bordure » de ses « houppes » qui sont les éléments situés à chaque angle du tableau. Cette bordure dentelée est sensée, au rite Anglais de Style Émulation, représenter les planètes qui tournent autour du soleil comme la bordure elle-même entoure la Loge.

Le pavé mosaïque (2)

Le pavé mosaïque est le damier au sol composé de carreaux blancs et de carreaux noirs. Sensé symboliser la beauté de la création, il trouve son origine historique dans des illustrations de Bibles protestantes inspirées probablement du livre de Samuel Lee : *Orbis miraculum; or, the Temple of Solomon Pourtrayed by Scripture-Light* publié à Londres en 1659[44] ainsi que de

---

[44] Samuel Lee, *Orbis miraculum, or, The temple of Solomon pourtrayed by Scripture-light wherein all its famous buildings, the pompous worship of the Jewes, with its attending rites and ceremonies, the several officers employed in that work, with their ample revenues, and*

l'imagerie populaire artistique de la Renaissance.

Les Instructions sont riches d'enseignements moraux sur ce pavé mosaïque (5.05). D'autres y verront également la succession du Bien et du Mal, à l'exemple du Yin et du Yang asiatique. Ceci n'est toutefois attesté par rien, et n'allons pas chercher des explications là d'où elles ne peuvent provenir.

Toutefois, lorsque nous marchons sur celui-ci, remémorons-nous d'agir selon les principes de la Raison, de pratiquer la Charité, de maintenir l'Harmonie, et de s'efforcer de vivre dans l'unité et l'Amour Fraternel.

---

the spiritual mysteries of the Gospel vailed under all, are treated at large, imprimé par John Streater, Londres 1659.

Notons, pour l'anecdote, qu'à Londres, le sol de la station de métro Holborn qui conduit ET au British Museum, ET aux locaux de la Grande Loge Unie d'Angleterre, à Great Queen Street, est composé par moments de pavés mosaïques adoptant une forme rectangulaire étrangement symétrique aux dimensions d'un tableau de Loge. Un hasard de ses constructeurs probablement…

L'Étoile flamboyante (3)

Il s'agit du Soleil qui illumine la Terre. Nous n'en dirons pas plus que ce que les Instructions mentionnent. Une plus grande explication vous en est donnée au 2e grade, mais gardez en tête qu'y est associée eux notions : la Gloire et le Centre.

Les Meubles

Le Livre de la Loi Sacrée (4)

Donné par Dieu à l'Humanité, disposé sur un coussin, lui-même reposant sur un piédestal (sorte de petite colonne basse), il s'agit des Écritures Saintes qui doivent diriger notre Foi. Toujours présentes dans une Loge, celles-ci sont dirigées en tenue dans le sens de la lecture pour le Vénérable Maître. Sauf lors des cérémonies d'Initiation, de Passage et d'Élévation, où elles sont tournées vers le Candidat. Car, sur elles, sont prises les Obligations.

Le Compas et l'Équerre (5)

Dans le sens des Meubles, ces deux instruments ne peuvent être dissociés. En effet, lors de l'ouverture et de la fermeture des travaux, vous aurez à cœur d'observer ce que fait le Passé Maître Immédiat avec ces deux instruments. Ceux-ci sont ainsi positionnés d'une certaine manière.

Vous remarquerez en passant Compagnon que cette manière de faire aura évolué. Et peut-être en tant que Maître également.

Ils servent en tout cas à nous rappeler que ce sont eux qui règlent les actions de nos vies.

Le compas appartient au Grand Maître. L'équerre appartient au Métier.

Bijoux ou Joyaux mobiles et immobiles

Le choix du mot « bijou » ou « joyau » relève de la valeur morale qui est attachée à l'objet. En effet, un « joyau » est un « bijou » d'une valeur inestimable. Le terme anglais qui les décrit est « Jewels » et désigne les deux. Il s'agit donc d'une subtilité française qui est très compliquée à expliquer à un anglais.

Adoptons le terme « bijou » pour le bien de la démonstration, mais gardons en tête que le terme « joyau » est le seul qui convienne au niveau moral.

Si nous convenons de parler de « bijoux », faisons désormais la différence entre les bijoux « mobiles » et les bijoux « inamovibles ».

Ici, aussi, une traduction française rapide parlerait de bijoux mobiles et bijoux immobiles. Or, ce serait perdre une subtilité de traduction. En effet, les bijoux mobiles sont ceux qui se passent de frère (ou sœur) en frère (ou sœur). Suivant ainsi la progression dans la filière des offices du rite Anglais de style Émulation, les bijoux mobiles se transmettent d'année en année aux membres de la Loge. Le Second Surveillant devient ainsi Premier Surveillant, puis Vénérable Maître.

Alors que les bijoux « inamovibles » sont des objets qui sont placés bien en vue dans la Loge afin d'aider ceux qui les observent à en trouver le sens moral.

Les Bijoux mobiles (Instructions 5 : 15-22)

Plus en complément qu'en opposition avec les bijoux dits immobiles, les bijoux mobiles sont dits « mobiles » car ils se transmettent entre le Maître et les Surveillants à leurs successeurs lors de la cérémonie d'Installation. Ils symbolisent les fonctions qui se transmettent donc pour gouverner la Loge entre les Officiers Principaux.

L'Équerre (6)

Symbole du Vénérable Maître, elle dirige nos actions et règle nos vies dans le respect de la règle maçonnique afin de les harmoniser pour nous rendre acceptable à l'Être Suprême auquel nous devrons rendre des actes.

Par voie de conséquence, il s'agit donc du symbole de celui qui gouverne la Loge et harmonise tout ce qui s'y déroule afin que tout soit réalisé correctement.

Le Niveau (7)

Le niveau sert à nous rappeler que nous sommes tous égaux, sur le même plan, en ayant la même origine, celle qui transcende les statuts sociaux. Nous sommes frères et sœurs égaux sur le niveau car nous partageons la même Espérance.

La Perpendiculaire (8)

Comme l'échelle de Jacob, elle unit le ciel et la terre. C'est la manifestation de la rectitude et de la vérité. Elle nous enseigne à marcher dans la justice et la droiture devant Dieu et les hommes, à ne pas nous écarter du sentier de la vertu, à n'être ni un fanatique, ni un persécuteur, ni un calomniateur de la religion, à ne nous laisser aller ni à l'avarice, ni à l'injustice, ni à la malveillance, ni à la vengeance, pas davantage à l'envie et au mépris de l'humanité, mais au contraire à renoncer à tout penchant personnel qui puisse nuire à autrui.

Les Bijoux immobiles ou inamovibles (Instructions 5 : 23-26)

Placés en vue de manière immobile dans la Loge pour que les frères et les sœurs puissent en rechercher le sens moral, les bijoux immobiles sont aussi des symboles qui ne font l'objet d'aucune transmission générationnelle. Ils sont intemporels dans la Loge.

La Planche à tracer (9)
La Planche à tracer sert au Maître à tracer des plans et à dessiner des projets afin de construire un édifice avec régularité et exactitude.

La Pierre brute (10)
La Pierre Brute (« Rough Ashlar » = « Pierre rugueuse ») représente la pierre de l' « Apprenti Entré ». C'est un bloc extrait de la carrière profane pour être amenée en franc-maçonnerie afin de pouvoir être travaillée par les outils moraux que sont le maillet, le ciseau et la règle de 24 pouces.

La Pierre cubique (11)
La Pierre Cubique (« Perfect Ashlar » = « Pierre Parfaite ») représente la pierre sur laquelle ont été appliqués les outils moraux.

Les trois grands piliers (Instructions 4 : 11-16)

Soutenant la Loge, ils sont les représentations de personnages symboliques. Symbolisées par 3 colonnes. Ceux-ci sont désignés ainsi par des ordres d'architecture différents (Instructions 4.16). Attention à ne pas les confondre avec les deux grandes colonnes dont la première est B au rite Anglais.

La première apparition de ces trois grands piliers, comme pour beaucoup de symboles maçonniques date de la publication du « Prichard » en 1730. Mais ses origines sont très probablement beaucoup plus liées à la tradition chrétienne médiévale. En effet, dans *Les Quatre Livres des Sentences* de Pierre LOMBARD, est évoquée la substance de Dieu sous trois formes : « Puissance », « Sagesse », « Bonté ».

Ces trois termes désignent alors trois personnes, et ces trois personnes sont placées dans un ordre de succession, comme les trois officiers principaux[45]. « Sagesse, Force et

---

[45] Pierre LOMBARD, *Les Quatre Livres des Sentences*, Distinction XXXIV, Chapitres III et IV :
Que, bien que puissance, sagesse, bonté se disent de Dieu selon la substance, il est cependant de coutume dans l'Écriture de rapporter distinctement ces noms aux personnes. À partir des choses qui ont été dites, on constate que, tout comme essence, puissance, sagesse, bonté se disent de même de Dieu selon la substance. Mais ce qui se dit de Dieu selon la substance, convient pareillement aux trois personnes. Ainsi donc, une est la puissance, une est la sagesse, une est la bonté du Père, du Fils et de l'Esprit Saint ; et ces trois sont une même puissance, une même sagesse, une même bonté. D'où la découverte de la suprême perfection dans la Trinité. Si, en effet, y manquait la puissance, ou la sagesse, ou la bonté, elle ne serait pas le souverain bien ; mais parce qu'y est présente une puissance parfaite, une infinie sagesse, une bonté incompréhensible, on parle à bon droit

Beauté » pourraient ainsi être une survivance de cet enseignement médiéval (« strength » se traduisant en français par « Force », mais aussi par « Puissance », seule l'évolution de « Bonté » en « Beauté » restera mystérieuse).

De même, la représentation de concepts en personnes physiques se retrouve dans l'Épitre aux Galates avec Jean, Jacques et Pierre qui sont alors les trois colonnes de l'Église de Jérusalem[46].

Sagesse (12)

La sagesse se doit de guider le franc-maçon dans ses entreprises. Sa colonne est d'ordre ionique et représente le Roi d'Israël Salomon qui, par sa sagesse a élevé, achevé et

---

et on croit qu'elle est le souverain bien. Et, bien qu'en Dieu la puissance, la sagesse, la bonté soient absolument une seule et même chose, il est cependant de coutume dans la sainte Écriture de rapporter distinctement ces noms aux personnes, de sorte qu'on attribue la puissance au Père, la sagesse au Fils, la bonté à l'Esprit-Saint. Pourquoi en est-il ainsi ? Il n'est pas superflu de le chercher.

1. Pourquoi cela a-t-il lieu, à savoir que la puissance soit attribuée au Père, la sagesse au Fils ? La prudence de la parole sacrée a pris soin de faire cela, afin que nous ne jugions pas l'immensité de Dieu d'après la ressemblance de la créature. La Sainte Écriture avait dit en effet que Dieu est Père, que Dieu est Fils ; c'est ce qu'a entendu l'homme qui avait vu un homme qui était père, et n'avait pas vu Dieu le Père ; et qui commença de penser qu'il en était ainsi dans le Créateur comme il l'avait vu dans les créatures, à partir desquelles ces noms ont été transférés au Créateur : en elles, le père précède le fils, le fils succède au père ; en elles, on relève d'ordinaire chez le père un affaiblissement dû à la vieillesse, et chez le fils un manque de bon sens dû à la jeunesse. Pour cette raison, l'Écriture est intervenue pour dire que le Père est puissant, afin qu'il ne semble pas plus vieux que le Fils, et donc moins puissant, et que le Fils est sage, afin qu'il ne semble pas plus jeune que le Père, et donc moins sage.

[46] Voir : https://roseetchardon.fmtl.fr/travaux/2018-03-03-ternaire

consacré le Temple de Jérusalem pour le dieu unique. « C'est par la sagesse qu'une maison s'élève, Et par l'intelligence qu'elle s'affermit » (Proverbes 24 :3)

<u>Force (13)</u>
La Force se doit de nous soutenir dans nos actions. Sa colonne est d'ordre dorique et représente Hiram, roi de Tyr qui a apporté à Salomon sa force en lui fournissant hommes et matières premières.

<u>Beauté (14)</u>
La beauté sert à orner l'Homme intérieur. Sa colonne est d'ordre corinthien et représente Hiram Abif, dont la technicité ont permis l'embellissement et l'ornementation du Temple de Jérusalem.

Progression vers le dais céleste

Les messagers de la volonté divine : le Soleil et la Lune

Le Soleil et la Lune sont deux des trois petites lumières (avec le Maître de la Loge).

De nombreuses choses ont été écrites sur l'alternance du jour et de la nuit. Toutes sont pratiquement fausses, farfelues, incongrues, ou totalement hors de propos. Si vous désirez éprouver en public votre fatuité ou faire un mot compte triple au scrabble, afin de parler de l'alternance entre le jour et la nuit, n'hésitez pas à employer le terme de : « cycle nycthéméral ». Sinon, bornez-vous à ce que le rituel et le bon sens vous en disent.

Le Soleil (15)

Le rituel nous dit que le Soleil est relié à la maçonnerie par sa course d'Est en Ouest qui éclaire les ouvriers. Il préside le jour. Il est associé à la colonne du Midi (Sud).

La Lune (16)

Autre messager de la volonté divine, la Lune préside la nuit. C'est dans l'obscurité que les francs-maçons se séparent. Elle est associée à la colonne du Nord.

L'échelle de Jacob (17)

Introduite en 1776 par Thomas Dunckerley dans ses Instructions par Questions et Réponses (« Lectures »), l'échelle de Jacob est le moyen symbolique pour un(e) franc-maçon(ne) d'atteindre les sommets de la Franc-Maçonnerie. Pour y arriver, il convient de mettre en pratique les vertus symbolisées par les représentations sur ses barreaux. À noter d'ailleurs que le nombre de vertus sur les tableaux anglais varie. En effet, ceci dépendit de l'humeur du peintre HARRIS et de ses versions entre 1820 et 1849.

Les vertus théologales

Présentes dans la Première épitre aux Corinthiens de Paul (Nouveau Testament), ces trois vertus chrétiennes sont celles qui doivent guider l'Homme dans son rapport à Dieu et au monde. Elles sont représentées par des Allégories (femmes portant des objets, ou objets eux-mêmes). « Nous rendons continuellement grâces à Dieu pour vous tous, faisant mention de vous dans nos prières, nous rappelant sans cesse l'œuvre de votre foi, le travail de votre charité, et la fermeté de votre espérance en notre Seigneur Jésus-Christ, devant

Dieu notre Père. » (1 Thessaloniciens 1 : 2-3).

La Foi (18)

Symbolisée par la croix ou un cœur ardent, la Foi est la croyance dans le Grand Architecte de l'Univers. Qu'importe si l'on ne sait pas clairement comment le définir, le décrire ou le caractériser. La Foi ce n'est pas ainsi savoir, mais croire. A noter, sur certains tableaux la croix a été supprimée afin de déchristianiser le rituel. Ce qui peut laisser un espace vide sur l'échelle. « *Or la foi est une ferme assurance des choses qu'on espère, une démonstration de celles qu'on ne voit pas.* » (Hébreux 11 :1 à 30).

L'Espérance (19)

Symbolisée par l'Ancre, elle illustre l'idée d'un lieu sûr pour les marins qui cherchent à se réfugier de la tempête. C'est l'Espérance dans le salut de l'âme tel que décrit dans la Bible : « *Cette espérance, nous la possédons comme une ancre de l'âme, sûre et solide ; elle pénètre au-delà du voile.* » (Hébreux 6 :19).

La Charité (20)

Symbolisée par le cœur, ou la coupe, la Charité est l'Amour qui se manifeste par la Bienfaisance. C'est la plus grande de toutes les vertus, le moteur de la vie morale mais aussi sa finalité, son but, son objectif. Avoir une morale, c'est pratiquer la Bienfaisance. C'est elle qui caractérise tous les actes et se situe au-dessus de toute autre chose. « *Maintenant donc ces trois choses demeurent : la foi, l'espérance, la charité ; mais la plus grande de ces choses, c'est la charité.* » (1 Corinthiens 13 :13).

Les vertus cardinales (21)

Contrairement à ce que l'on pourrait croire, les vertus cardinales ne font pas partie de l'enseignement maçonnique traditionnel. Et peut-être y a-t-il une bonne raison.

Ainsi, en additionnant les vertus théologales (foi, espérance et charité) et les vertus cardinales (morales : le courage, la tempérance et la justice, et intellectuelle : la prudence), nous obtenons les vertus… catholiques !

Ces vertus n'étant pour autant pas réservées aux catholiques, justement à cause du fait que celles-ci ont été évoquées dans la philosophie platonicienne, les francs-maçons ont beaucoup insisté pour les inclure dans leur enseignement philosophique (pour preuve leur représentation à Freemasons' Hall sur des vitraux dans le couloir qui mène au Grand Temple).

Généralement, puisque lorsque quelque chose n'existe pas en franc-maçonnerie, les francs-maçons l'ajoutent et considèrent que cela a existé de tout temps, il est donc généralement considéré que les « houppes » qui se situent aux quatre coins du tableau de Loge sont ces fameuses vertus cardinales. Ce qui est surprenant, car ce sont ainsi les seules vertus non représentées de manière allégorique.

Les Outils

La Règle de vingt-quatre pouces, le Maillet et le Ciseau (22)

Le travail sur soi effectué en franc-maçonnerie se fait en réfléchissant sur des outils utilisés de manière symbolique.

La Règle de vingt-quatre pouces est un outil de mesure de notre ouvrage qui représente les vingt-quatre heures du jour, dont nous devons consacrer une partie à prier Dieu, une autre à travailler et à nous reposer, une autre enfin à servir un ami ou un Frère ou une Sœur dans le besoin, sans pour autant négliger nos intérêts ou ceux de nos proches.

Le Maillet sert à faire disparaitre les bosses et aspérités superflues et représente la force de la conscience qui doit réprimer toute pensée futile ou déplacée susceptible de nous distraire pendant l'une de ces parties du jour, afin que nos paroles et nos actions puissent s'élever pures jusqu'au Trône de Grâce.

Le Ciseau illustre les avantages de l'éducation qui seule peut faire de nous des personnes capables de prendre place heureusement dans une société réglée et policée. C'est un outil de dégrossissage de la pierre.

La Louve (23) (Instructions 7 :11-15 + notes n°7)

Pièces de métal insérées dans une pierre pour se bloquer à l'intérieur d'une cavité creusée, la louve permet l'élévation symbolique du maçon telle une pierre que l'on élève dans l'édifice.

Elle est symbolisée physiquement dans la Loge par

cette structure en bois qui met une pierre cubique en suspension.

Mais notons toutefois que le modèle de « Louve » qui est proposé symboliquement n'est que l'une des louves possibles. Ainsi d'autres modèles existent, comme par exemple celle d'une pince métallique à deux branches articulées sur un axe, reliées par une chaîne.

Point principal de la Loge (point dans un cercle) (24)

Ce symbole est présenté au 3e grade mais n'y est pas totalement développé. Une explication vous est proposée dans le guide du Maître.

Variations

Le Poignard (25)

Rappel du premier danger qui guette l'impétrant lorsqu'il pénètre dans la Loge. Son utilisation n'apparait pas clairement dans les premiers rituels maçonniques. Toutefois, notons que dans le manuscrit des archives d'Edimbourg (1696) il est dit que le serment de l'impétrant se fait « après force cérémonies destinées à l'effrayer ». Doit-on y voir un lien ? Rien n'est certain. Dans les textes français, tel que la divulgation d'HÉRAULT (1737), sont plutôt évoqués des « Flambeaux allumés posés en triangle, Sur lesquels on jette à l'arrivée du Novice, où de la Poudre, où de la Poix-raisine, pour l'effrayer, par l'effet que cela produit ».

Sa première véritable apparition date des années 1760 en Angleterre, soit après le vide de 30 ans sans divulgation qui suivit celle de PRICHARD. Ainsi, dans *The Three Distinct Knocks*.

« Maître : Comment entrâtes-vous et avec quoi ?

Réponse : Avec la pointe d'une épée, d'une lance ou tout autre arme guerrière présentée à mon sein gauche dénudé. »[47].

Les esprits affutés ayant déjà eu la chance de manier une lance noteront que son maniement dans un espace exigu n'est pas quelque chose d'aisé. Celui d'une épée non plus, mais ceci explique probablement pourquoi à certains rites, et à certains grades, c'est le candidat qui tient l'épée. Evitant ainsi tout risque d'embrochement si le candidat et son guide

---

[47] *Les trois coups distincts*, 1760, Présentation et traduction de Gilles PASQUIER.

n'étaient pas parfaitement synchronisés.

Les Anglais, pragmatiques, tranchèrent donc très probablement pour un simple poignard, beaucoup plus pratique.

Les 7 étoiles dans le ciel de nuit (26)

Nombre de francs-maçons à partir duquel une Loge est dite Juste et Parfaite. Mais ces étoiles ne sortent probablement pas de nulle part. Ainsi, dans l'Apocalypse, les 7 étoiles symbolisent les sept Eglises : Ephèse, Smyrne, Pergame, Thyatire, Sardes, Philadelphie et Laodicée. Dans Apocalypse 1:16, on voit d'ailleurs qu'elles sont associées au soleil : « Il tenait dans sa main droite sept étoiles, de sa bouche sortait une épée aiguë à deux tranchants et son visage était comme le soleil lorsqu'il brille dans toute sa force. »[48]

---

[48] Apocalypse 1 : 16. Version Louis Segond.

Ouverture plutôt que conclusion

Soyez réguliers.

La suite arrivera bien vite.

Hervé **H. LECOQ**

A propos de l'auteur

Hervé **H. LECOQ** (PM, MMM, MC, MR, SEM, EM, CAR) est né en 1982 et travaille comme responsable dans le domaine de la vente en ligne.

Membre de l'Académie de Vaucluse et de diverses associations historiques, ayant reçu la Lumière en 2009, depuis 2010, il a administré différents sites internet ayant trait à la franc-maçonnerie.

Auteur d'articles en langue française mais aussi anglaise dans des revues, des magazines ou sur des sites d'information, il est l'auteur de l'ouvrage : Mes premières questions sur la franc-maçonnerie, du roman de Science-fiction maçonnique : L'Apprenti Perdu (éditions ECE-D) et administre la chaîne Youtube : French Freemason.

Sites Web

www.franc-maçonnerie.fr
www.styleemulation.fr

Chaîne Youtube

www.frenchfreemason.fr
www.youtube.com/c/hervehlecoq

Déjà parus du même auteur

L'Apprenti Perdu, tome 1, éditions Champs Elysées-Deauville, 2021.

Mes premières questions sur la franc-maçonnerie, KDP, 2021.

Printed in Great Britain
by Amazon